マズロー心理学入門

人間性心理学の源流を求めて

中野　明
Akira Nakano

Introduction to Maslow Psychology
Exploring the Roots of Humanistic Psychology

アルテ

われわれの責任は先ず第一に、誠実にかつ徹底的に自分自身であることなのだ。

——アブラハム・マズロー「生物学的不公平と自由意志」

（２００2年　ナカニシヤ出版）

はじめに

　アブラハム・マズローといえば、いわゆる「マズローの5段階欲求」という言葉が即座に頭に思い浮かぶに違いありません。中には「生理的欲求」「安全の欲求」「所属と愛の欲求」「承認の欲求」「自己実現の欲求」と、5段階欲求のそれぞれにつく名称を正確に答える人もいるでしょう。

　また、そのような人の中には、心理学ではなく経営学を専門に勉強してきたという人も少なからずいるはずです。というのも、通称「マズローの5段階欲求」は、従業員に対する動機づけの基礎理論として伝統的な経営学で取り上げられてきたからです。

　ところがマズローの「欲求の階層」（これが「マズローの5段階欲求」の正しい名称です）に関する知識はあるものの、マズローの邦訳された原典にあたったことのある人は少数派に違いありません。実際、「マズローの代表的な著作は何ですか?」と質問した場合、多くの人は作品名を挙げられないのではないでしょうか。

第1章で詳しく述べますが、マズローの代表作には『人間性の心理学』（1987年、産業能率大学出版部）や『完全なる経営』（2001年、日本経済新聞出版社）などがあります。欲求の階層に関する記述があるのは前者の著作『人間性の心理学』です。

後者の『完全なる経営』の監訳を担当した経営学者金井壽宏・神戸大学大学院教授は、同書の監訳者解説の中で、だれもが知っていて、そのだれもが実際には読んでいないのが「古典」の定義だとしたら、情けなくもったいないことだ、と述べています。さしずめマズローの欲求の階層は、誰もが知っているキーワードではあるけれど、その原典が読まれていないばかりか、原典の作品名さえ知られていない、というのが現状なのかもしれません。

マズローには右記に掲げた著作以外に、邦訳本がまだ4冊あります（エドワード・ホフマンによる未発表論文集をいれると5冊になります）。また、上田吉一・元兵庫教育大学名誉教授をはじめ、フランク・ゴーブル、エドワード・ホフマンといったアカデミック分野のマズロー研究者、さらには作家コリン・ウィルソンらが、マズローの心理学、いわゆる「人間性心理学」の解説書を著しています。

マズローの執筆スタイルは、経験した事実を次々と列挙する現象学的手法を採用しています。しかも列挙する数は3つや4つではなく、20を超えることもしばしばあります。さらに記述する内容には重複が見られ、読む側にとってはなかなか辛い作業となります。

またこれに加えて、マズローの著作が論文や講演原稿の編纂であることも、書籍を通読する障害になっています。収録されている論文と次の論文（つまりある章と次の章）の内容が、時に大きく飛躍していて、ついていくのが大変なこともしばしばです。マズローの原典を読む人が少ないのは、こうしたマズロー側の問題にも起因するようです。

本書では、入門者が陥るこのような障害を回避しつつ、マズローの人と思想を手軽かつより深く理解できるようにしました。第1章が総論で、第2章以下はマズローの主要理論を思索遍歴に沿って解説しています。手前味噌ながら「入門書」に恥じない内容になっていると思います。本書を通じて読者の皆さんがマズローに対する理解を少しでも深めることができたとしたら、本書における筆者の使命は果たせたことになります。

また、本書に続いてマズローの原典を読みたいという読者の方もいらっしゃるはずです。第1章ではマズローの邦訳本の概要についてふれていますが、これに加えて「あとがき」では、筆者が考える目的に応じたお薦めの原典についてふれました。こちらも参考にしていただければと思います。

では、マズロー心理学の世界へ斬り込むことにしましょう。

目次

第1章　アブラハム・マズローの人と思想

●マズローとは何者か

アブラハム・ハロルド・マズロー（Abraham Harold Maslow）は、「欲求の階層（the hierarchy of needs)」、一般に「マズローの5段階欲求」と呼ばれる理論の提唱者として知られています。中でも「マズローの5段階欲求」という語は、初歩の経営学にも出てきていますから、本書を手に取っている人ならば、その内容についてもだいたい理解されているはずです。

とはいえ、「マズロー＝5段階欲求」と片づけるのはあまりに早計と言わざるを得ません。というのも、心理学者として１９３０年代から本格的に活動し、１９７０年6月8日に62歳でこの世を去るまでの40年間に、マズローは欲求の階層以外にも、現代に大きな影響を及ぼす重要な業績をいくつも残しているからです。

たとえば、マズローの業績としてあまり知られていないものに自己超越に関する研究があります。これは、マズローがいわゆる5段階欲求を公表したあと、5番目の階層に相当する自己実現はさらに2つの階層があると述べたものです。この主張の中でマズローは、自己実現者には至高経験（これもマズロー心理学の重要なキーワードです）を頻繁に体験する者とそうでない者がいると指摘した上で、前者を超越的な自己実現者、後者を超越的でない自己実現者というように、自己実現者を二分割しました。これを前提にマズローの欲求階層を見直すと5段階ではなく6段階になります。

また、マズローがシナジーの概念を人間や企業、さらには社会に適用したこともあまり知られていないのではないでしょうか。シナジーとは、個人や企業の利己主義的行為が必然的に他人や社会を助けることにつながり、また、他人を助けようとする利他的行為が必然的に自分自身にも利益をもたらす状況を指します。利己主義と利他主義を超越した状況です。マズローはこのシナジーのある人間関係の構築が欠かせないと説きました。また、このシナジーを実現する成長セクターとして企業に目をつけた点も注目に値します。要するにマズローは、経営学と自身が説く人間性心理学との融合を模索していたわけです。

加えて、マズローが自己実現者だけによる理想社会「ユーサイキア」について語った事実もあまり知られていません。ユーサイキアとは、社会にシナジーの考え方を適用し、シナジーのレベルが極めて高い社会を指したものです。私たちは自己実現した徳の高い人物を目標にして、自分自身の成長を促すことができるでしょう。これと同じ論理で、自己実現した人々が集うユーサイキアを想定し、その社会が持つ特徴をつまびらかにすれば、この理想を目標に社会が成長を目指すことで、いまよりも優れた、より住みやすい社会が実現するに違いありません。

このようにマズローが説いた主張をいくつか並べただけでも「マズロー＝5段階欲求」でくくるのが不適切であることがわかると思います。そしてもちろん本書では、これらの考え方を包括的に解説して、従来は偏りがちだったマズローの全体像を浮き彫りにすることを目指します。

もっともいきなりマズローの思想の核心に斬り込むのも少々拙速のように思います。そこで本章ではまず、マズローの生涯を簡単に振り返りながら、マズローの歩んだ思索遍歴を確認したいと思います。そうすればマズローという人と思想がもっと身近になるに違いありません。なお、略歴の執筆には主にエドワード・ホフマン著『真実の人間』（1995年、誠信書房）を参考にしました。

●内気な少年

アブラハム・マズローは、1908年4月1日、米ニューヨークのマンハッタンで、父サミュエル、母ローズの長男として生まれました。

父親のサミュエル・マズローはロシアのキエフ出身のユダヤ人で、14歳のときに実家を離れて新大陸アメリカへ渡りました。フィラデルフィアの親戚のもとで2年ほど暮らして英語を習得したあとニューヨークに出て樽の商売を始めました。その後しばらくして妻ローズをめとりますが、彼女はサミュエルの従妹です。

サミュエルにはアブラハム（通称エイブ）のほかに3人の弟と3人の妹がいました（妹のうち1人は幼くして死去）。子どもの頃のアブラハム（以下マズロー）は、極端にやせた体格をした内気な少年でした。物心がつく頃には、がりがりに痩せた身体、それに大きな鼻に強い劣等感を抱くようになります。醜い容姿を人にさらしたくないため、電車に乗る際には空の車両を探したほどだったといいます。

また、当時の社会環境は、内気なマズローをさらに内向的にする要因がありました。ユダヤ人に対する差別です。当時のアメリカには多くの移民が大量に押し寄せました。中でも反ユダヤ主義が国内に行き渡っていたアメリカでは、ユダヤ人に対する差別が公然と行われていました。これはマズローが通う小学校でも例外ではなく、ユダヤ人という理由から教師が生徒を差別するのは、別に珍しいことではありませんでした。

だからといってマズローが勉強嫌いだったわけではありません。読書が大好きで、朝早くに学校に行き、授業が始まるまで1時間ほど本を読んで過ごしたといいます。しかし比較的よくできるマズローは、反ユダヤ主義の教師にとって面白くない子どもだったようです。そのためマズローは、読み書きの時間では単語のスペルを間違うまで言わされたこともあったようです。

マズローは学校ばかりか家庭での居場所を見つけることも困難でした。父サミュエルは家庭をあまり顧みず、朝早く仕事に出掛け、マズローがベッドに入る頃に帰ってきました。マズローとのコミュニケーションはあまりなかったようです。また、母親ローズとの関係は父親以上に険悪でした。これはローズがマズローにそれほど愛着を感じていなかったのが原因のようです。そのためマズローの母親観は、極端に薄情で拒否的な女性というものでした。後年マズローはこのように語っています。

私はおそろしく不幸な少年だった。……家庭はみじめで、母親は凄まじい人だった。……私は友達もなく、図書館で本に埋もれて大きくなった。そんな子ども時代を送りながら、今、私が精神病でないのは不思議なくらいだ。

私は、自分のユートピア的理想主義、倫理の重視、ヒューマニズム、親切、愛、友情、などといったものがどこから生じたのだろうといつも疑問に思っていた。母の愛を経験しなかったことが直接の原因であることは確かである。だが、私の人生哲学、あらゆる探求と理論化を生み出す力となっているものもまた、すべて、彼女が表すあらゆるものを憎み、反発するところから出発しているのである。

エドワード・ホフマン『真実の人間』

１９１7年、マズローは、裕福な中流階級が住むブルックリンのブラウンスヴィル地区デューモント街、その2年後にはさらに裕福な人々が住むフラットブッシュの東5番街へと引っ越しました。父サミュエルの仕事が順調だったからです。ここでマズローは従兄のウィル・マズローと親しく交流します。社交的なウィルの影響で、マズローはこの時期から少しばかり友だちの輪を広げるのに成功します。

１９２2年、マズローはブルックリンの中で最もレベルの高いボーイズ高校に進みました。学生の多くはアメリカで生まれたユダヤ人2世で、その多くが頭脳労働で成功することを夢見ていました。彼らにとっては、アイビーリーグ8大学の中、唯一ユダヤ人を受け入れていた、ニューヨーク州北部にあるコーネル大学が最高の進学先でした。しかしマズローはコーネル大学の特別奨学生試験は受けずに、１９２6年にニューヨーク市立大学へ進みます。高校の成績が中程度だったマズローには、コーネル大学のハードルは高く映ったようです。

●心理学を一生の仕事に

ニューヨーク市立大学でのマズローは人文科学を専攻しました。中でも哲学がマズローにとって最も興味のある分野でした。しかし、将来進むべき道はなかなか定まりません。父親の強い勧めもあり、１９２６年にはブルックリン法科大学の夜間部で法律の勉強を始めますがすぐに挫折します。また１９２７年にはコーネル大学に転学し、さらに翌28年にはウィスコンシン大学に移っています。またマズローは、この年の冬、従妹のバーサ・グッドマンと結婚します。マズローは弱冠20歳、妻のバーサは１つ下の19歳です。両方の親から猛反対された末での結婚でした。

またこの頃（厳密には同年夏）、マズローに結婚とは別の転機が訪れます。カール・マーチスンが編集した著作『１９２５年の心理学』を通じた最新の心理学との出会いです。中でもマズローは、行動主義心理学の創始者であるジョン・B・ワトソンの論文に感激しました。

マズローは日記にこう書きます。「私を本当に燃え立たせたのはワトソンの章だった。（中略）心理学は、真の発展、真の進歩、真の問題の真の解決に至るための仕事の計画書である。やるべきことは、全身全霊を傾け、全力を尽くすことだけだ」（『真実の人間』）。マズローは心理学を生涯の仕事にすることに決めます。

ウィスコンシン大学でのマズローは、心理学と哲学の科目を取れるだけ取る方針で臨みました。心理学の指導教官はウィリアム・H・シェルドンで、やがてシカゴ大学の心理学教授やコロンビア大学の体質研究所所長として、体格や気質に関する類型学的研究で名をなす人物です。また、のちにアメリカ行動主義心理学の第一人者になるクラーク・ハルの講義に、マズローはことのほか興味を持ちました。このほかにもウィスコンシン大学には、アカゲザルの実験で著名になるハリー・ハーロウ、行動病理学のノーマン・キャメロン、リチャード・W・ハズバンドらがおり、これらの人物が実験主義、行動主義の心理学をマズローに徹底してたたき込んでいきます。のちにマズローは人間性心理学の樹立者として行動主義心理学から距離を置きますが、当時のマズローは行動主義心理学の輝かしい未来を固く信じていました。

マズローはウィスコンシン大学が水にあったようで卓越した成績を残し始めます。実際、1930年の春までには大学院課程の科目まで履修してしまい、大学院時代には講義を受ける必要がなく、研究と勉強、読書に時間を費やした、とマズローは語っています。そして、ウィスコンシン大学の修士課程から博士課程へと、行動主義心理学者の道を歩みます。

●サルの研究者として

ウィスコンシン大学でマズローは心理学とは別の学問、人類学にも興味を持ちました。同大学には妻のバーサも通っており、彼女の指導教官が人類学者ラルフ・リントンで、マズローはリントンの謦咳に接するようになります。

ラルフ・リントンは20世紀半ばのアメリカを代表する人類学者で、のちに代表的著作『人間の研究』でその名を不動のものにします。1926年から1年半かけてマダガスカルのほぼ全島を網羅する文化調査を実行したリントンは、１９２８年にウィスコンシン大学人類学准教授、さらに翌年に正教授に就任していました。

マズローが人類学に入れ込んだのは、リントンの人柄や深い講義内容もさることながら、人類学が有する考え方に魅了されたのが大きな要因だったようです。当時の人類学では文化的相対主義の立場が一般的でした。これは、ある文化にとって価値あるものでも、異なる文化にとっては価値が低いばかりか忌むべきものかもしれない、という考え方です。したがって、たとえば西洋文化の価値判断で他の文化の価値を評価するのは間違っている、という価値相対の立場を取ります。

マズローがこの文化的相対主義に魅せられたのは従来の心理学に疑問を持っていたからです。それは、これまでの心理学が自民族中心であり過ぎた、という確信でした。それに代えて、人類学が主張する文化的相対主義を心理学に取り入れれば、新たな地平が開けるかもしれない――。マズローはこの点に大きな興奮を覚え、「パートタイマーの人類学者」になろうとまで決心します。そしてのちに述べるように、この決心がマズローの将来に少なからぬ影響を及ぼすことになります。

専門である心理学分野で、博士課程に進んだマズローが、当時打ち込んだのがサルの行動研究でした。「あのマズローがサルの研究を?」と不思議に思う人も多いに違いありません。これはマズローが師事することになったハリー・ハーロウの影響によるものです。

ハーロウは１９０５年生まれでマズローとは３歳しか違いません。スタンフォード大学で理学博士号を取得して１９３０年にウィスコンシン大学に赴任しました。ハーロウの助手になったマズローは、ハーロウの指示のもと、サルを用いて霊長類の知能に関する研究に従事します。当初、サルを研究対象にするのにマズローは不満だったようです。しかし研究が進むうちにマズローはサルを対象とした研究に没頭するようになります。そして１９３４年には、サルにおける支配行動と性的行動に関する研究で、心理学博士号を取得しました。

もっとも学位をとったからといって就職先が確保できる保証はありません。当時のアメリカは、１９２９年10月の株式大暴落（ウォール街大暴落）が引き金となった世界大恐慌の影響、さらにはその後に続く国内金融システムの崩壊で、深刻な不景気にあえいでいました。

大量の失業者が職探しに懸命になる中、かけ出しの行動主義心理学者に豊富な就職の口があろうはずもありません。しかも人種差別は根強く、多くの大学はユダヤ人の採用に消極的でした。そのためマズローは、明らかにユダヤ人とわかる「アブラハム」という名を改名すべきだと周囲から勧められました。師事したハーロウでさえ、ユダヤ人ではなかったにもかかわらず、姓がイスラエルだったため改姓しています。当時はそんな時代でした。

●性科学の道へ進む

しかしマズローは改名には徹底して抵抗します。とはいうものの就職先はなかなか見つかりません。仕方がないのでマズローは、1934年9月にウィスコンシンで入門心理学を教えながら、ウィスコンシン大学医学校へ編入するも、医学の勉強は性分に合わず断念します。この頃のマズローはお金もなく、かといって妻も養わなくてはならず、まさにどん底の状態でした。

翌1935年、マズローに転機が訪れます。コロンビア大学のエドワード・ソーンダイクが、マズローの研究する動物の性と行動における支配性を評価して、特別研究員の地位を提供したい旨を伝えてきました。ソーンダイクはコロンビア大学の発達心理学教授で、動物の知能に関する先駆的研究や学習心理学の分野で大きな功績を残しており、当時はすでにアメリカ心理学会の大御所の1人になっていました。

ソーンダイクの申し出を受け入れたマズローは、1935年8月から約1年間、ソーンダイクの新プロジェクトに参画することになります。しかしマズローはソーンダイクから与えられたテーマにたった2、3週間で飽きてしまいました。当時のマズローが手掛けたかったことは、サルではなく人間における性と支配に関する研究でした。そのためマズローは独断で被験者である女性の面接を始めており、周囲を呆れさせたといいます。

しかしソーンダイクは極めて鷹揚でした。マズローの研究テーマには必ずしも賛成ではなかったものの、この若い研究者がのびのびと活躍できるよう、マズローに研究室の机と自由裁量権を与えます。この研究成果はのちにいくつかの専門誌に掲載されました。その結論の概要はというと、自己主張の強い女性は性的好みや行動も積極的であり、逆に自己主張の弱い女性は性的に非積極的で性的行動も紋切り型だというものでした。現代から見るととりたてて注目すべき主張でもないように思いますが、性が極端にタブー視されていた当時にあっては画期的な内容でした。

マズローの研究はこの分野で先駆をなしたものの、それほど話題にはならなかったようです。エドワード・ホフマンによるマズローの伝記によると、恐らく女性の性に関するテーマは1930年代のアメリカにとってあまりにも過激だったのが理由のようです。実際、フェミニスト作家ベティ・フリーダンがマズローの研究を材料にベストセラー『新しい女性の創造』を書くのは、それから30年もあとのことでした。

●知性の枠にふれる

1937年2月、マズローはニューヨーク市立ブルックリン大学講師の職を得ます。給与はとても低いものでしたが、終身在職権という特権がついていました（もっともマズローは生涯この大学に身を置くことになるわけではないのですが）。マズローは多くの学生の人気を集め「ブルックリン大学のフランク・シナトラ」とさえ呼ばれたほどです。シナトラも移民の息子だったからです。しかもコロンビア大学での研究者時代も含め、当時のニューヨークにおけるマズローの環境は極めて良好なものでした。これが戦争と関係するのですから皮肉な話です。

第1次世界大戦後のヨーロッパでは、ドイツでヒトラー率いるナチスが勢力を拡大し、1932年には総選挙で第1党になります。ナチスはユダヤ人を抑圧したため多くの学者がヨーロッパから新天地アメリカを目指しました。

その中には一級の社会学者や精神分析学者が含まれており、その多くがニューヨークを拠点に活動を始めました。これが1935年半ばのことです。こうしてアメリカ大陸では高度な文化が花咲きます。当時の様子をマズローは恍惚とした口調で語っています。

> それは、ヒットラーから逃れて移住してきたヨーロッパの知性の粋がニューヨークに集まっていたという、まったくの歴史的偶然の結果であった。当時のニューヨークは、ただもうすばらしかったというほかない。アテネ以来、そのような状況はどこにも存在したことはなかった。そして私は、亡命してきた学者一人ひとりを多少ともよく知っていたといってよいと思う。
>
> エドワード・ホフマン『真実の人間』

ニューヨークで亡命社会学者の拠点になったのが新社会研究学校（ニュースクール）でした。マズローは大学の教壇に立つかたわらニュースクールにも足繁く通い「知性の粋」に直にふれます。当時、マズローが知遇を得た学者には、分析心理学者のアレフレッド・アドラーやエーリッヒ・フロム、カレン・ホーナイ、ゲシュタルト心理学のマックス・ヴェルトハイマー、クルト・コフカ、ウォルフガング・ケーラー、ほかにも神経生理学者クルト・ゴールドシュタインなどがいました。

●ブラックフット・インディアンとの出会い

またマズローはこのニューヨーク時代に人類学との関わりも大いに深めます。コロンビア大学では、人類学のセミナーで、のちに女性人類学者として著名になるマーガレット・ミードと親しくなっています。また、1937年にはウィスコンシン大学で人類学を教えていたラルフ・リントンが、人類学部長としてコロンビア大学に移籍します。これによりマズローの人類学に対する熱意はさらに高まったようです。

このような中、マズローは当時コロンビア大学の准教授だったルース・ベネディクトを知るようになり、その人柄と知性に強く惹かれます。ベネディクトの経歴については第5章で詳しく述べますが、日本では日本人と日本文化の特徴について記した名著『菊と刀』の作者として有名です。また、あまり知られていませんが、ベネディクトは文化的レベルを測る基準として「シナジー」の概念を初めて提示した人物でもあります。このシナジーの概念はマズローの心理学理論にやがて大きな影響を及ぼすことになります。

その前哨戦ともなる影響をベネディクトがマズローに及ぼしたのは１９３８年のことです。この年の夏、マズローはベネディクトの強い勧めで、ブラックフット・インディアンが住むカナダ居住地を訪れてフィールドワークに従事します。これは異なる文化を実際に体験することなしに、偏った文化観を矯正することはできない、というベネディクトの主張によるものでした。

そもそもマズローは旅行があまり好きではなかったようです。いまだかつてアメリカ本土から出ることはおろか、アメリカ東部からも外には出ていません。ですからフィールドワークには乗り気ではありませんでした。しかし実際にブラックフット・インディアンの生活を身近に体験したマズローは大きな衝撃を受けます。標本箱に入れられたチョウチョのような存在という先入観と、実際の彼らには、大きなギャップがあったからです。

「インディアンが何よりも先ず先に人であり、個人であり、人間であって、しかるのちにはじめてブラックフット・インディアンである」（『マズローの人間論』）。これがフィールドワークで得たマズローの発見です。一見とるに足らない記述のように思いますが、この言葉にはなかなか深長な意味が含まれています。

というのも、マズローが見た人々は、ブラックフット・インディアン以前に人間であり、個人であり、人だったということは、マズロー自身もユダヤ人や個人という自分のレッテルを剥がしていくと、そこに残るのは裸の「人」です。つまり種族や文化を問わず、「人」として共通する何かがあることにマズローは気がついたことを意味すると考えても支障はありません。

実際マズローはこのフィールドワークが終了したあと、報告書に「私は今、『基本的』［あるいは『生得的』］人格構造という概念と取り組んでいる」（『真実の人間』）と記しました。

マズローのこの考えは人類学が主張する文化的相対主義とは明らかに一線を画するものです。文化的相対主義に傾倒していたマズローにとって大きな転換です。そしてやがてマズローは、「基本的」あるいは「生得的」とも言える人格構造を、「欲求の階層」として主張することになります。この意味でベネディクトに背中を押されて出向いたフィールドワークは、マズローに計り知れない影響を及ぼしたことになります。

●思想的転換、内的変化

マズローの思想的転換を促した要因はブラックフット・インディアンのフィールドワークだけではありませんでした。フィールドワークに出掛ける直前、マズローとバーサの間に第1子アンが生まれます。さらに1940年には第2子エレンが誕生します。「父親となることで私の全人生が変わった」とマズローが言うように、それは大きな出来事でした。

というのも、行動主義心理学を信奉していたマズローは、ジョン・B・ワトソンが主張するように、生まれたての赤ちゃんがいれば、行動を条件付けることでどのような人間にでもできると信じていたからです。しかし天真爛漫で自分の好き嫌いを強固に意思表示する赤ん坊に接してみると、マズローにはワトソンの考えが馬鹿げたものに思えてきました。

また、長女アンと次女エレンの性格の違いもマズローを驚かせました。アンは静かで落ち着いた子、対するエレンは母親のお腹の中でも活発に動く子でした。これらを見るにつけ、人間を理解するには、個々人が持って生まれてくる生得的な特徴も含めた包括的なアプローチが不可欠だ、とマズローは考えるようになります。

加えて、1939年に始まった第2次世界大戦もマズローの内的変化に大きな影響を及ぼしました。アメリカが第2次世界大戦に参入して直後のことです。その日付は明確ではありませんが、日本による真珠湾攻撃が1941年12月8日のことですから、この日からそう遠くない日のことでしょう。車で家へ向かっていたマズローは、みすぼらしい寄せ集めの古参兵が、ボーイ・スカウトやフルート吹きを伴ってパレードをしているのにぶつかって動けなくなります。マズローはこの哀れなパレードを見つめていました。

見ているうちに、私の頬を涙が伝い始めた。私は思った。われわれにはわかっていない。ヒットラーも、ドイツ人も、スターリンも、共産党員も、そうした人びとの誰一人をも、われわれは理解していない。もし理解することができれば、われわれはもっと前進できるだろう。
私は平和のテーブルを思い描いた。人びとはその周りに座って、人間性、憎しみ、戦争、平和、兄弟愛について語り合うのだ。私は軍隊に入るには年を取り過ぎている。私の残りの人生は、この平和のテーブルのための心理学を明らかにすることに捧げなければならない、と悟ったのはこのときである。この瞬間が、私の全生涯を変えた。

エドワード・ホフマン『真実の人間』

このようにマズローは、1930年代の終わりから1940年代の初めにかけて、大きな変化を遂げます。煎じ詰めると、ブラックフット・インディアンのフィールドワークで普遍的な人間性の存在に興味を持ちます。また子どもの誕生により行動主義心理学の限界を悟ります。さらに第2次世界大戦の勃発により、心理学徒として世界平和への貢献を誓います。これらが合わさってやがてマズローは独自の心理学を編み出すことになるわけです。

●早過ぎた死

これ以降のマズローの経歴についてはごく簡単にふれることにしましょう。というのも、第2章からふれるマズローの思想遍歴の中で、以後のマズローの経歴についても適宜ふれることになるからです。

1941年、マズローはハンガリーの精神科医ベラ・ミッテルマンとともに異常心理学の教科書『異常心理学原論』を出版します。ブルックリン大学でのマズローは、異常心理学を講義しており、また大学が教官の評価指標に出版物の有無を掲げていたのが書籍出版の理由になったようです。著作は好評でマズローの名を有名にするのに十分でした。

もっともこの著作はいわば1930年代のマズローの仕事を総括したものであり、マズロー自身が語る「全生涯を変える出来事」、すなわち内的変化が生じる以前のものだと考えるのが妥当でしょう。そういう意味で、内的変化後の作品が注目されます。そもそも人間が行動を起こす動機には全ての人に共通する本質的・根源的なものがある、とマズローは考えていました。こうして1943年に「人間の動機づけに関する理論」を発表します。マズローはこの論文で「欲求の階層」を初めて公表し、マズローの名が広く世間に広まる契機となります。

その後マズローは、自己実現、至高経験、自己超越、Z理論、ユーサイキア、シナジーなど、新たな概念を次々と導入して人間性心理学を打ち立てるとともに、ジークムント・フロイトや行動主義を包括した「第三勢力の心理学」の一角として心理学の発展に尽くします。

その間におけるマズローの社会的地位を見ると、１９４６年にようやくブルックリン大学の助教授に昇進しています。ただ、１９４０年代後半にマズローは原因不明の病気に悩まされ、療養のため大学を休職してニューヨークを離れ、カリフォルニアにあるマズロー樽会社（マズローの兄弟が経営する企業）の閑職に就きました。復職したマズローは、１９５１年にマサチューセッツ州ウォルサムにあるブランダイス大学の教授に就任します。ブランダイス大学はミドルセックス大学を前身にしており、ユダヤ人移民の寄付で１９４８年に創設されました。もっとも宗教とは全く関係のない大学で、キャンパスにはユダヤ教、カトリック、プロテスタントの３つの教会が設けられています。

教授に就任したマズローは、学部長としてブランダイス大学の心理学部を一から創り上げることになります。同大の心理学部長には１９６1年まで就いていました。また、マサチューセッツ心理学会会長やニューイングランド心理学会会長を務めたあと、１９６８年にはアメリカ心理学会会長に就任します。１９６９年にはブランダイス大学を退職し、ラフリン財団の特別研究員としてカリフォルニアに移りました。しかしそれからわずか1年後、持病だった心臓障害で１９７０年６月８日に急逝します。享年62歳でした。

●マズローの主要7著作

62年の生涯でマズローは多数の著作物を世に送り出しました。すでに述べたようにマズローが最初に世に問うた書籍は１９４１年の『異常心理学原論』でした。一方、現在の日本で読める主たる翻訳本としては、１９５４年出版の『人間性の心理学（原典のタイトルは「動機と人格」）』以降、おおむね全７冊あります。以下、各著作を年代順に並べた上で概要を付しました。

１９５４年『人間性の心理学（動機と人格）』

原典のタイトルは『Motivation and Personality』で、『異常心理学原論』以降に発表した論文を１冊にまとめたものです。マズローの代表的著作の１つです。論文「人間の動機づけに関する理論」はこの著作に収録されており、「欲求の階層」論（本書では以降、この所説を「欲求階層論」と表記することがあります）がようやく書籍の形で世間に出ます。日本では１９７１年に産業能率短期大学出版部から出版されました。

なお１９７０年には本国アメリカで同書の改定版が出版されました。この改訂新版の翻訳が産業能率短期大学出版部より１９８７年に出版されています。１９７０年はマズローが急逝した年ですから、この改訂版『人間性の心理学』がマズローの最後の著作と位置づけてよいでしょう。

１９６２年『完全なる人間』

マズローが言うように、１９５４年に出た著作『人間性の心理学（動機と人格）』の続編に相当するのが本書です。原典のタイトルは『Toward a Psychology of Being』です。日本では１９６４年に誠信書房から出版されました。現在はその第2版が容易に手に入ります。

本書の構成は典型的なマズロー流で、１９５４年から１９６０年にかけての講演原稿や論文が、それぞれ独立して各章に割り当てられています。講演や論文の年代からもわかるように、本書は１９５０年代（のちにふれるようにマズローの思索遍歴の第3期に相当）のマズローの思想を知るのに格好な内容になっています。中でも本書収録の「至高経験におけるB認識」は、１９５６年の講演に基づくもので、マズローが初めて至高経験について語った論文（初出版は１９５９年）です。

本書は本国アメリカにおいて１９６８年にペーパーバックになるまでに20万部も売れ、心理学の書籍としては異例の大ベストセラーとなりました。

１９６４年『創造的人間』

原典のタイトルは『Religions, Values, and Peak-experience』です。誠信書房から１９７２年に出版された同翻訳書はタイトルが『創造的人間』で、サブタイトルに「宗教　価値　至高経験」がつきます。

前作『完全なる人間』でマズローは至高経験について言及していますが、それをさらに分析したのが本書です。マズローが言う至高経験とは、宗教的経験や神秘的経験、あるいは超越的経験をより一般的なものととらえ、それを世俗化して表現したものです。全体は３部になっていて、本書序文によるとこちらも講演原稿が基になっているようです。前作に比べて宗教的・哲学的思索が深まった内容になっています。

１９６５年『自己実現の経営（完全なる経営）』

原典タイトルは『Eupsychian Management（ユーサイキアン・マネジメント）』です。タイトルにある「Eupsychian（Eupsychia の形容詞）」はマズローの造語で、自己実現した人々が作る理想の社会を指します。マズローは１９６２年夏にカリフォルニア州デルマー市にあるノンリニア・システムズ社を訪れます。同社では著名経営学者らの考え方をベースにして、社員の成長を促す経営管理手法を採用していました。その様子はマズローに強烈な印象を与え、企業が理想社会ユーサイキアを実現するために重要な役割を果たすという洞察に至ります。マズローはその際の体験を口述したものを文書化して配布しましたが、それを書籍にしたのが本書です。

日本では１９６７年に『自己実現の経営』として産業能率短期大学出版部より出版されました。その後この本は、アメリカの市場から消えていましたが、内容を増量した『Maslow on Management』が30年余りのちの１９９８年に出版されました。この翻訳が２００１年に日本経済新聞出版より『完全なる経営』として出版されています。

１９６６年『可能性の心理学』

原典のタイトルは『The Psychology of Science』です。マズローがジョン・デューイ講演会で発表した原稿を基に書籍にしたものです。マズローは自身が研究対象にする包括的人間が、従来の科学では適切な研究対象になっていなかったと考えました。これは科学がもつ極端な抽象化にその限界があるとマズローは考えました。その上で、現代の科学的な心理学者に対する批判を述べ、経験と抽象化を統合する包括的心理学の在り方を提唱します。

日本では１９７１年に川島書店より出版されました。翻訳書はすでに絶版で改定版も出ていません。おそらく翻訳されているマズローの著作の中で最も入手困難な作品だと思われます。

１９７１年『人間性の最高価値』

マズローは１９６９年に60年代に世に出した論文のとりまとめを企図します。しかし１９７０年にマズローは急逝するため、この仕事は未完で終わりました。この仕事を受け継ぎマズローの死の翌年に出版したのが本書です。原典のタイトルは『The Father Reaches of Human Nature』です。

本書では各論文を「健康と病気」「創造性」「価値」といった大項目の下に分類して収録しています。

マズローが晩年に行き着いた思索の深まりを知る上で必読の書と言えます。また、他の著作では見ることのできない「Z理論」に関する論文を収録している点でも貴重です。日本では誠信書房から１９７３年に出版されました。

１９９６年『マスローの人間論』

この書の著者は、マズローの詳細な伝記として一読の価値がある『真実の人間――アブラハム・マスローの生涯』（１９９５年、誠信書房）の筆者であるエドワード・ホフマンのクレジットになっています（この著者は心理学者アルフレッド・アドラーの生涯についても詳細な伝記を書いています）。ただし、内容はマズローの未発表論文で、それにホフマンによるマズローの略伝と各論文に関する短評を加えたものです。

ですから著者はマズローとしても問題はない著作です。他の邦訳本では読めないマズローの論文にふれられるので、マズローを究めたい方には欠かせない１冊かもしれません。日本語版は２００２年にナカニシヤ出版より出版されました。

●マズロー心理学とフロイト心理学の違い

次にマズローが右の著作で提唱した独自の心理学について、その概略を包括的にとらえたいと思います。そのためには、当時の代表的な心理学とマズローの心理学を比較するのが得策でしょう。マズローが心理学を一生の仕事に決めた１９３０年前後、心理学の世界ではフロイト心理学と行動主義心理学が２大勢力として覇を競っていました。

まず、フロイトの心理学ですが、当時の知識人が多かれ少なかれそうだったように、ダーウィンの進化論の影響を受けたジークムント・フロイトは、人間も動物の一種だと考えました。その上で、人間は無意識の領域であるイドから生じる、生物特有の原始的かつ本能的な欲動に駆り立てられる存在だと位置づけました。欲動とは肉体から生じる欲求および精神から生じる願望のことです。

イドに善悪や道徳もありませんから、イドから発生する欲動は時に人間を本能的あるいは破壊的な行動に駆り立てます。そこで私たちは、善悪の価値観や道徳というような文化を生み出して、無意識の勝手にさせぬよう人間を抑制します。この時に私たちの自我は、無意識と文化的価値観の板挟みとなり葛藤します。これが激化すると神経症が発症するとフロイトは考えました。中でもフロイトは、イドから発生する性的欲動が満たされないことによる欲求の不満が神経症の大きな原因だと考えたのです。このようにフロイトの理論では無意識は邪悪な存在です。無意識から生まれる欲動は文明の価値観と対立するものです。

これに対してマズローの理論では、必ずしも無意識は悪ではなくて、確かに不健康な無意識はあるものの、健康的な無意識もまた存在すると考えました。その健康的な無意識に根ざすのが、マズローの打ち立てた、人間一般に存在する欲求の階層です。人は階層構造の欲求を生得的に持っており、これらの欲求を段階的に満足させていくことで、人はより自分らしい存在に近づいていく、とマズローは考えました。つまり無意識は必ずしも悪ではない。これがフロイトの心理学とマズローの心理学を分ける大きな違いです。

さらにもう一点、マズローとフロイトには研究対象にも対照的な違いがあります。フロイトが研究したのは精神的に病んでいる人々、つまり不健康な人間でした。ただしすべての人間が不健康なわけではなく、したがってフロイトがスポットを当てたのは人間の半面であり、健康心理学ともいうべき残り半分は研究から漏れていました。このような考え方からマズローは、健康な人間、中でも卓越した人間を研究の対象にしてその特徴を明らかにします。マズローはこう言いました。

人間はどれほど背が高くなるものかという問題に解答を得ようとすれば、すでに最も背の高い人をとり挙げ、研究することがよいのはいうまでもない。（中略）もしも、人間の精神的成長、価値的成長、道徳的発達の可能性を知ろうとすれば、最も道徳的、倫理的な聖人を学べばよいと私はいいたい。

のちに見るように、マズローによる自己実現の研究は、右で見た言葉どおりの態度を貫きとおして得られたものです。このようにマズローとフロイトでは、無意識の位置づけのみならず、対象にした人間の側面でも大きく異なっていたわけです。

●第三勢力としてのマズロー心理学

心理学のもう一方の一大勢力である行動主義心理学は、マズローが心理学徒として歩み出した際に傾倒した分野です。行動主義心理学は、米ジョンズ・ホプキンス大学の心理学者ジョン・B・ワトソンが提唱したもので、人間を客観的かつ科学的に研究することを目指します。そのため、客観的に観察可能な刺激と反応から人間の行動を分析しようとしました。

行動主義心理学もダーウィンの進化論の影響をもろに受けており、ワトソンは人間と獣を隔てるいかなる分割線も認めない、と豪語したほどです。そしてすべての人間の行動は条件づけられ、それ故に条件づけることが可能だと考えました。

略伝で見たように、マズローはワトソンを入り口にして行動主義心理学に魅せられていきます。しかし、やがてマズローは行動主義心理学が人間特有の精神を忘れてしまっていることに気づきます。人間と獣に境界線はないというものの、人間にあって獣にはない精神性は厳として存在するでしょう。

さらに行動主義心理学が採用する、全体を部分に細分化して分析する態度にもマズローは疑問を抱くようになります。物事を可能な限り細分化して研究する態度は、哲学者ルネ・デカルトが17世紀に提唱して以来、科学的手法の王道として考えられてきました。しかし、人間は部分ではなく全体としてとらえるべきです。「胃の欲求とか口の欲求とか生殖器の欲求とかいった部分的欲求は存在しない」（『人間性の心理学』）のであって、食物を欲しているのは全体的な存在としての私です。

人は獣とは違うし、また、部分で評価するものではなく全体的な存在である――。マズローが妻バーサとの間にできた子どもたちを見て改めて気がついたのはこの点だったのでしょう。そしてこの発見が、マズローを行動主義心理学との決別を決意する契機となります。

とはいえマズローが行動主義心理学を全面的に否定したわけではありません。行動主義心理学は誤っているのではなく、むしろその適用できる範囲が狭すぎて原理一般としては限界がある、というのがマズローの考えでした。同様にフロイトの心理学についてもマズローは全面否定したわけではありません。マズローはフロイトとその理論に大いに敬意を払っていました。

その上でマズローが目指したのは、フロイト心理学や行動主義心理学の否定ではなく、両者を統合する試みです。フロイト心理学でもない、行動主義心理学でもない、第三の選択肢です。このようにマズローの心理学は、当時の二大勢力であったフロイト心理学と行動主義心理学、そのどちらでもないことから「第三勢力の心理学」と呼ばれるようになります。

●人間性心理学の方法論

第三勢力の心理学と呼ばれたマズローの心理学は「人間性心理学」という呼称も持ちます。これは「Humanistic Psychology」の訳語で、ほかにも「人間主義心理学」「人間主義的心理学」「人間性の心理学」など、論者によってさまざまな呼称があります。本書ではその中でも最も一般的と思われる人間性心理学の呼称を用いますが、マズローの心理学がこのように呼ばれるようになったのは、その対象と方法論に与るところが大きかったようです。

マズローが生きた同時代、ヨーロッパの哲学では実存主義や現象学が一世を風靡していました。実存主義とは、現実に既存の法則を適用するのではなく、各個人が徹底して現実を凝視して命がけでその答えを見つけ出そうとする態度です。特に実存主義哲学では、過去の哲学が築き上げた抽象的体系を拒否して、人間が存在してここにあるという具体的な経験を重視します。

その際に、人が現実をまさに見て経験するという態度には、さまざまなスタイルが考えられます。その中で、何者も信頼せずに自分自身の目で現実を凝視する態度を最重視するのが現象学です。その際に現象学では、対象に対する一切の判断を保留して（これをエポケーと呼びます）、経験している内容を客観的に記述します。そして経験した自分の知覚と他人の知覚を列挙し照合することで、対象に対する共通認識、言い換えると客観的な認識を得ることを目指します。これが現象学的還元と呼ばれる方法です。

マズローはこの現象学的手法を大いに愛好しました。実際、「多くの心理学上の問題は客観的、実験的、行動的、実験室的テクニックから出発するよりもむしろ、現象学から始められるべきである」（『可能性の心理学』）とさえ述べたほどです。実際、マズローの論文を見ると、その記述方法が現象学的手法を踏襲しているのがよくわかります。

たとえば、第3章で紹介するマズローの自己実現論ですが、このテーマを扱った最初の論文でマズローは、自己実現者のあるがままの姿を客観的、包括的にとらえて記述するという現象学的手法を採用しました。その結果、見たこと、経験したことをあるがまま記述するマズローは、自己実現者の特徴を15項目も列挙しています。これだけ数があると整理が不十分でくどくどしく、極めて理解しにくい論文となるでしょう。実際、マズローの論文の多くがこうした理解のしにくさを持ちます。

しかしこれに対してマズローはこう言います。

優れた経験的理論は、自己矛盾し、こみいって一貫せず、相互に排除的ではなくてカテゴリーの

重複した、不明確で、あいまいな定義をともなう、ずさんな抽象的理論であるかもしれない。（しかし、）その第一の任務は、たとえ、ずさんさを生み出すとしても、すべての事実をその管轄に含めることである。（カッコ内は筆者）

アブラハム・マズロー『可能性の心理学』

私たちが経験している対象は多様な観点から見ることができます。同じ対象でも観点を変えて見れば、別の表情が映るでしょう。しかし対象は同じです。そして「存在するものを真に経験する」ために対象をより精確に記述しようとすると、重複や自己矛盾も避けられない、とするのがマズローの考えでした。そして、できるだけ詳細に記述した経験的知識に基づいて、法則や原理原則といった抽象的な知識を作り出し、さらに再び経験に戻って体系化した抽象的な知識を吟味して純度を高めることを、マズローは旨にしました。

実存主義は、すでに形作られた考え方や抽象的な法則、分類の枠組みよりも、私たちが実際に体験する経験を出発点とします。そして、人が自分の存在を賭けて生きることで、個人的な経験から得られた知識の上に抽象的な知識（たとえば法則）を構築します。また現象学では対象を経験する際に、一切の判断を保留してその内容をとらえます。これらを実存主義的・現象学的態度だとすると、マズローが目指した心理学も、まさに同じ手法の適用を目指したことになります。

ただし、実存主義的・現象学的態度で人間の存在にアプローチしたマズローは、ヨーロッパの実存主義者キルケゴールやショーペンハウアーとは異なる結論に達します。彼らは人間存在の核心として苦悩や絶望を強調しました。これに対して同じ実存的な立場に立ちながら、マズローは苦悩としての人間存在よりもむしろ、人間は独自の個性の完成を目指す「成長する存在」だと考えました。すなわち私たちが人間として本来的に持つ特性（すなわち人間性）とは、潜在能力を開花して成長することであり、この点を強調したがためにマズローの心理学を「人間性心理学」と呼ぶわけです。人間性心理学は、実存主義が陥りやすい、人生を無意味と見る虚無主義（ニヒリズム）とは正反対の立場を取ったと言ってもよいでしょう。

●マズローの業績を時代区分する

以上、マズローの略歴と思想の特徴について述べました。これらの知識を念頭に各論に進めば、マズローに対する理解が飛躍的に進むに違いありません。しかしそのためには各論へのアプローチの仕方にも配慮すべきでしょう。

「はじめに」でふれたアブラハム・マズローの研究者上田吉一・元兵庫教育大学名誉教授は、マズローの著作『人間性の最高価値』の「訳者あとがき」の中で、マズローの思索遍歴を3つの時期に分割しました。それによると、第1期はマズローが創作を始めた１９３０年代から40年代の終わりまでの20年間、第２期はマズローの思想が円熟した50年代の10年間、さらに第３期は60年代の10年間でマズローの心理学が哲学的、宗教的色彩を帯びる時期です。

しかしながら、私たちがすでに見てきたマズローの略伝からもわかるように、30年代と40年代の境目でマズローは大きな内的変化を体験しています。いわば30年代のマズローが行動主義心理学を基礎にした従来型心理学者だとしたならば、40年代以降のマズローは、いわば私たちがイメージする人間性心理学のマズローへと脱皮していきます。この考え方が正しいとすると、マズローの思索遍歴は、右で見た第1期を１９３０年代と40年代に分割し、全体で４期としてとらえるのが適切になるでしょう。

第１期　１９３０年代
第２期　１９４０年代
第３期　１９５０年代
第４期　１９６０年代

そして本書では、以後、１９４０年代つまり第２期以降においてマズローが構築した独自の心理学について見ていくことになります。その際に、マズローが提唱した主要理論を思索遍歴に沿って理解していくのが、各論への適切で自然なアプローチだと思います。各章で扱う思索遍歴に従った主要所説は次のとおりです。

「第2章　欲求の階層」　全4期に分けたマズローの思索活動で、第2期に相当するのがこの欲求の階層を世に提示した時期です。すでにふれたように欲求の階層は一般に「マズローの5段階欲求」とも呼ばれるもので、マズローの思想の中で最も一般に流布しているものです。第2章ではそのオリジナルの考え方を解説したいと思います。

「第3章　自己実現」　欲求の階層の中で5番目の階層に位置するのが自己実現の欲求です。自己実現とは、その人が持つ潜在的能力をあますところなく発揮して本来なるべき人間になることを指します。自己実現もマズローの人間性心理学の中で極めて重要な位置を占めます。思索遍歴の位置づけでは第3期に該当します。

「第4章　至高経験と自己超越」　マズローは自己実現者を調査している中で奇妙な事実を発見します。それは自己実現者の多くが、従来言うところの宗教的な超越的経験を頻繁に体験している事実です。至高経験の研究は、やがて至高経験を伴う自己実現者を超越的な自己実現者への研究に進展します。思索遍歴としては第3期から第4期に相当します。

「第5章　ユーサイキアン・マネジメント」　第4期に入るとマズローは、自己実現者からなる理想の社会「ユーサイキア」について思いを巡らします。このユーサイキアの着想が確固たるものになるのは、意外にもマズローと経営学との出会いが関係します。マズローは理想の経営をユーサイキアン・マネジメントと称しました。この章ではその内容について詳しくふれます。

「第6章　ユーサイキアは実現できるのか」　晩年のマズローは理想の社会ユーサイキアに関する思索に時間を費やしました。最終章ではマズローが説く理想社会の概略とその可能性について考えてみます。

このように欲求の階層で独自の地位を形成したマズローですが、やがてその思索は理想社会の構築へと至ります。その意味でマズローは通常の心理学者の活動領域を大きく逸脱していたと言えるでしょう。

では、マズローの人間性心理学の世界へ、さらに深く分け入っていくことにしましょう。

第２章　欲求の階層

●マズローが唱えた欲求階層論

本書の冒頭でも述べたように、マズローの名が一般に広く流布したのは「欲求の階層」の理論（欲求階層論）を公表してのことです。この理論が最初に世に出たのは１９４３年のことで、マズローが公表した論文「人間の動機づけに関する理論」によってです。この論文は１９５４年に世に出た著作『人間性の心理学（動機と人格）』に収録されています。

この論文の中でマズローは、人がおしなべて持つ、５つに階層化された欲求について言及しました。あまりにも有名なその５つの欲求とは次のとおりです。

①生理的欲求

②安全の欲求
③所属と愛の欲求
④承認の欲求
⑤自己実現の欲求

そもそもマズローが論文「人間の動機づけに関する理論」を書いたのは、人が何かに動機づけられて行動するのは、無意識的な基本的目標または欲求があるからだという立場が出発点になっています。そして、我々にはいかなる無意識的な基本的目標または欲求があるのか、その正体を明らかにしたのがこの論文にほかなりません。

論点は大きく4つあります。第1に人が持つ基本的な欲求は個人差が少ない、つまり一定して存在するという点です。もともとマズローは人類学から文化的相対主義の考え方を吸収し賛同もしていました。しかし、人種や文化にかかわらず、人間全体に人を動機づける一定の欲求があるという第1の論点は、文化的相対主義と鋭く対立することがわかると思います。この思想転換がブラックフット・インディアンのフィールドワークで起こった（ようである）ことは、第1章で述べたとおりです。

また、人の持つ基本的な欲求が、相対的な優先度を基準に階層を構成しているというのが2番目の論点です。さらに、優先順に並んだ欲求において、低次の欲求が満たされると、より高次の欲求が現れるという点が第3の論点です。なお、５番目に位置する自己実現の欲求は永遠に追求する種類のものですから、ために私たちから欲求すなわち動機が消失することはありません。それから最後の4番目は、欲求の階層と健康度には相関関係があるという点です。

ちなみにこの論文でマズローは、基本的な欲求は「5つ」あるという点をそれほど強調していません。また「5段階欲求」という語も特に用いていません。

●欲求階層論の概略

それでは、以下、階層状になっている欲求、ときにマズローが「基本的欲求」と呼ぶこれらについて、低次の欲求から順に見ていきたいと思います。

①生理的欲求

「生理的欲求」は人を動機づける最も根源的な欲求です。この欲求は生命維持（ホメオスタシス）に大きく関連する欲求と言い換えると、対象となる欲求の中身がわかりやすくなると思います。酸素や食物、飲料のほか、性や睡眠などは代表的な生理的欲求の対象となります。中でも食にかかわる欲求は生命維持に関する欲求の中でも極めて強力です。

極端に飢えている人は他の欲求を棚上げしてでも飢えをしのごうとするでしょう。この時、意識は完全に飢えに集中し、他の欲求はどこかへと押しやられてしまいます。ところが、一旦飢えがおさまると、これに代わって新しい欲求、つまり食欲よりもより高次の欲求が優位に立ちます。

②安全の欲求

飢えなどの生理的欲求がある程度満たされると、次に「安全の欲求」が現れます。これは身の安全や身分の安定、他人への依存、保護された気持ち、不安・混乱からの自由、構造・秩序・法・制限を求める欲求などを指します。

安全の欲求に対する強い希求は、幼児を見れば容易に理解できるでしょう。ここに十分に食事をとった、生理的欲求が満たされている状態にある幼児がいます。満ち足りたこの幼児は、しかし母親が何かの所用で不意にいなくなったことに気づくと、たちまち大声で泣くなどの身体的反応を見せるでしょう。これは安全の欲求を満たされていない状況です。

もちろん安全の欲求は幼児だけに限ったものではありません。たとえば、街灯に慣れた現代人が夕闇の森にたたずむと恐怖を覚えるものです。すると木々のシルエットが何か恐ろしい生き物に見えて身構えることもあるでしょう。これは外界に対する防衛的態度の現れであり安全の欲求から生じた反応だと言えます。このように私たちは、生理的欲求と同じくらい安全の欲求に支配され、全能力を動員して満足を得ようとする、とマズローは考えました。

③所属と愛の欲求

生理的欲求と安全の欲求が満たされると、今度は「所属と愛の欲求」が現れてきます。人は孤独や追放された状態、拒否された寄る辺のない状態、根なし草で生きている状態を続けるのは困難です。こうして家族や恋人、友だち、同僚、サークル仲間などに目が向いて、共同体の一員に加わりたいと思うようになります。また単に一員と加えられるだけでなく、周囲から愛情深く温かく迎えられたいとも思うでしょう。これが所属と愛の欲求です。

故渥美清が演じた「フーテンの寅さん」こと車寅次郎をご存知だと思います。寅さんは全国各地を旅する根なし草のような人生を送っているように見えます。しかし寅さんには葛飾柴又に帰る場所がありました。寅さんはいわば所属と愛の欲求を満たすために、故郷の「虎屋」に帰って来ていたのかもしれません。

④承認の欲求

所属と愛の欲求が満たされると、今度は「承認の欲求」が芽生えてきます。この欲求は、「尊厳の欲求」や「自尊心の欲求」とも呼ばれています。マズローによると、承認の欲求は二分できると言います。

1つは自己の自己に対する評価への欲求です。これは強さや達成、熟達、能力への自信、独立と自由など、自己をより優れた存在と自認する、いわば自尊心とも言えるものへの希求です。もう1つは他者からの評価に関する欲求です。こちらの欲求では、評判や信望、地位、名誉、栄達、優越、承認、注意、重視などが重要な対象になります。

承認の欲求が充足されると、自分は世の中で役立つ存在だという強い感情が湧いてくるものです。逆にこの欲求が妨害されると、焦燥感や劣等感、無力感などの感情が現れてきます。

⑤自己実現の欲求

「自己実現」という言葉は、心理学者で脳科学者でもあったクルト・ゴールドシュタインが初めて作り出した言葉です。自己実現とは人が潜在的に持っているものを開花させて、自分がなり得るすべてのものになり切ることです。つまりより一層自分であろうとする欲求が自己実現の欲求にほかなりません。

生理的欲求、安全の欲求、所属と愛の欲求、承認の欲求、これらを十分に満たせたとしても、人は自分に適していることをしていない限り新しい不満が生じてくるものだ、というのがマズローの考えでした。この点についてマズローは次のように述べています。

自分自身、最高に平穏であろうとするなら、音楽家は音楽をつくり、美術家は絵を描き、詩人は詩を書いていなければならない。人は、自分がなりうるものにならなければならない。人は、自分自身の本性に忠実でなければならない。このような欲求を、自己実現の欲求と呼ぶことができるであろう。

アブラハム・マズロー『人間性の心理学』

●ジャングルで暮らす5人

以上がマズローの提唱した欲求階層論の概略です。では、冒頭でふれた欲求階層論の4つの論点についてより理解を深めるために、ここではマズローが引き合いに出した「ジャングルで暮らす人物」という挿話を紹介したいと思います。

ここに、ジャングルで暮らす人物が5名います。まずAは、危険なジャングルで数週間暮らし、時々食べ物や飲み水を見つけては飢えをしのいでいます。

次にBです。この人物はただ生きているだけではなく、ライフル銃を持ち、中から閉められる扉のついた洞穴の隠れ家で暮らしています。

３番目のＣは右記のものを全て持つとともに、一緒に暮らす２人の男がいました。さらに４番目のＤは食べ物や隠れ家のほかに、親友と一緒に暮らしています。

そして最後のＥです。この人物は右に掲げたものをすべて持ち、しかも彼は集団のリーダーとして皆から広く尊敬されています。

いかがでしょう。もうおわかりのように、このジャングルで暮らす5人の人物A～Eは、マズローが指摘する欲求の階層のそれぞれのレベルで生きていることがわかります。

では、皆さんがふと目覚めたらジャングルの中にたった1人でいる、と想像してみてください。強烈な飢えを感じたら、食糧や飲み物を得るために活動するに違いありません。これがAの人物の状況であり、「生理的欲求」に従って生きているケースです。

次に十分な食糧や飲料が確保できたら、できるだけ周囲の環境に左右されることなくこの状態を維持したいと考えるに違いありません。それならば身を守るライフル銃があり、しかも夜は扉の閉められる洞穴で安心して眠れれば助かります。この状況に達しているのがBの人物です。彼は生理的欲求のみならず「安全の欲求」を満たしているといってよいでしょう。

とはいえ危険なジャングルの中に1人で暮らしているよりも複数で集団を組む方が安心です。３番目のＣはこの状況にあります。さらに一緒に暮らす人物が、見知らぬ他人であるよりも、信頼できる親友のほうが心の平安を得られるに違いありません。この状況で暮らしているのが4番目のDです。つまり、CからDに至ることで「所属と愛の欲求」を満たせることがわかります。

比較的安全な環境の中、複数で暮らす場合、信頼できる人物が1人よりも2人、さらにもっと多い方が安心でしょう。しかもその集団の中であなたはリーダーとして、他のメンバーから尊敬を集めていると考えてみてください。この状況にあるのが最後の人物Eです。ですからEは「承認の欲求」が満たされた状態で暮らしていることになります。

このように、単に生きのびている状態（A）にある私たちは、より安全な環境（B）を望むでしょう。また、安全な環境が手に入れば、集団に自分の身を置きたい（C）と考えるでしょう。さらに集団に身を置いたら、他のメンバーと信頼感を醸成したい（D）と思うでしょう。そしてこれらが達成できれば、さらに集団の中で尊敬される人物でいたい（E）と思うに違いありません。加えてこれらの欲求がかなりの程度達成されてはじめて、より高次の欲求である「自己実現の欲求」が生じることになります。

このようにジャングルで暮らす5人の人物をイメージすれば、マズローが主張した欲求の階層は、人間が自然として持つごく一般的なもので（論点1）、相対的な優先度があり（論点2）、また低次の欲求が満足されるとより高次の欲求が現れること（論点3）がわかると思います。

●欲求の階層と健康度は相関する

さらにマズローは、ジャングルで暮らす人物の挿話において、欲求の階層と心理的健康度の関係にも注目します。これが4番目の論点になりますが、どういうことか説明しましょう。

A～Eの人物を横並びにした上で、彼らの心理的な状態を考えてみてください。「単に生きのびている人であるA」よりも、「安全な人であるB」のほうが、心理的な平静を得られるはずです。これは心理的健康度がより高い、と言い換えてもよいでしょう。また同じことは「安全な人であるB」と「所属している人であるC」との関係でも言えます。前者よりも後者の方がより心理的健康度は高いでしょう。もちろん「所属している人であるC」と「愛されている人であるD」、「愛されている人であるD」と「尊敬されている人であるE」との関係も同様です。

このように、一連の基本的な欲求が満たされていくにしたがって、一連の心理的健康の程度が増加することがわかります。こうしてマズローは「基本的欲求がどの程度満足されたかということが、心理的健康の程度と正の相関関係をもっていると思われる」（『人間性の心理学』）と述べるに至ります。

マズローの主張は次のように言い換えられるでしょう。基本的欲求が満たされることで心理的健康度が増進するのだとしたら、その逆すなわち欲求の対象が欠如して欲求が満たされない場合は不健康になるということであって、場合によっては病気になることも考えられるのだ、と。このような考え方を延長すると、基本的欲求が満たされない状態、つまり「欠如」した状態では、次の点が明らかになるでしょう。

①その欠如が病気を生む。
②その存在（筆者注：欠如のない状態）が病気を防ぐ。
③その回復が病気を治す。
④ある（非常にこみいった）自由な選択場面では、それを阻まれている人は、他の満足にさきがけてこれ（筆者注：欠如しているもの）が選ばれる。
⑤健康な人では、低調で、衰えているか、それともはたらかない。

アブラハム・マズロー『完全なる人間』

ビタミンやカルシウムの欠如が長期化すると病気を引き起こします。同様に、安全や所属、愛、尊敬と名誉などが欠如した状態が長く続くことが、大部分の神経症の原因になります。したがって、消極的には病気を避けるため、また積極的にはより健康になるために、階層となった欲求を満たすことは、生物学的にも必要なものです。これがマズローの考えでした。

●基本的欲求は悪ではない

また、基本的欲求の充足程度と健康度が相関するのが正しいと判断すると、ここから別の結論を演繹することができます。基本的欲求は決して悪ではない、という判断です。

フロイトの理論では、動物の一員である人間は、無意識（イド）から生じる欲動に駆り立てられます。イドには善悪や道徳もありませんから、その欲動は人間の文化と真っ向から対立しました。ここに人は葛藤を覚えて神経症が発症します。イドの欲求不満の中でも、性的欲求不満がその原因になるとフロイトは考えました。

一方でマズローは、人の行動を動機づける、人が持つ無意識的な基本的目標を探った結果、欲求の階層に行き着きました。これらは人が持つ無意識の領域に属するものですから、フロイト理論に照らして考えると、人間の文化にとっては悪となります。

しかしすでに見たように、階層構造になっている欲求を充足させるごとに、私たちの心理的健康は高まります。逆にこれらの欲求を充足できない状況だと、私たちは身体的または心理的病を得ます。ですから、これらの無意識の欲求は決して悪いものではなく、前向きに欲求を満たすべきものとなります。マズローの言葉に耳を傾けてみましょう。

基本的欲求（生存のため、安全のため、所属や愛情のため、尊重や自尊のため、自己実現のための）、人間の基本的情緒、基本的能力は、一見したところ中立、モラル以前、あるいは積極的に「善」であると考えられる。破壊、サディズム、残虐、悪意などは、その限り本質的なものでなく、われわれの固有の欲求、情緒、能力の挫折に対する激しい反応とみられる。

アブラハム・マズロー『完全なる人間』

私たちは欲望を持つことを悪いことだと考えがちです。しかしながらマズローに従うと、私たちが一定して持つ基本的欲求から生まれる欲望は決して悪ではありません。この欲求を抑えるよりも、十分に引き出して満たした方が、より健康になり、より生産的になり、より幸福になれます。

しかし、これらの基本的欲求は、より高次になるほど、動物の本能のように強くて御しがたいものではない、という特徴をも持つようです。それは「弱くて、デリケートで、微妙で、習慣、文化の圧力、誤った態度によって容易に圧倒されてしまう」（『完全なる人間』）といった性格を持ちます。そして「固有の欲求、情緒、能力の挫折」に遭遇したとき、人は破壊的になったり残虐になったりするわけです。

●欲求階層論とX理論・Y理論

ところで、いまやマズローの欲求階層論は多くの人が知る理論となっていますが、もっとも１９４３年に公表された論文「人間の動機づけに関する理論」や１９５４年に出版された著作『人間性の心理学（動機と人格）』によって一気に流布したわけではありません。たとえば前者の論文の発表年を見ても、当時のアメリカは太平洋戦争の真っ只中です。

そもそもマズローの欲求階層論が世間に広く知られるようになるのは１９６０年代に入ってのこと、しかも心理学の領域のみならず経営学の分野からも広まったという一面を持ちます。その役割を果たしたのが、１９６０年に出版されたアメリカの経営学者ダグラス・マグレガーの著作『企業の人間的側面』です。

マグレガーは、実験心理学の博士号を持つ経営学教授で、そのためか自身の経営理論に心理学の成果を大胆に取り入れることに躊躇しなかったようです。実際マグレガーは『企業の人間的側面』で、マズローの欲求階層論を全面的に採用して、X理論とY理論という経営管理手法を提唱しました。X理論とY理論は、ともに経営管理者が従業員を見る人間観のことです（詳細は5章参照）。

マグレガーのX理論とY理論は、折からのマネジメント・ブームの影響もあり、経営管理の基礎理論として流布します。そして経営学の入門書には、必ずと言ってよいほど、マグレガーのX理論とY

理論、さらにその基礎理論として、いわゆる「マズローの５段階欲求」が掲載されるようになります。これにより多くの人がマズローの名を知るようになりました。

ところでマズローは、論文「人間の動機づけに関する理論」で、欲求に階層があることを主張はしているものの、５つに分かれている点を特に強調していないこと、および「５段階欲求」という固有名詞を用いていないことは、本章の冒頭で述べました（「５つの欲求」と記述したケースはあります）。

また、マグレガーの『企業の人間的側面』の邦訳は１９６６年に産業能率短期大学より出版されましたが、こちらにも「マズローの５段階欲求」という語は見えません。参考文献にはクレジットがあるものの本文にはマズローの名がないばかりか、欲求の階層という言葉も見られません。

したがって、一般に流布する「５段階欲求」あるいは「マズローの５段階欲求」という語は、マズローでもマグレガーでもない別の人物がつけたことになりそうです。誰が名づけたのかを「探し出す」のも一興かもしれません。

●欲求階層は不動ではない

付け加えておくと、「マズローの５段階欲求」の語が出るたびに、あたかも仲の良い夫婦のように必ずと言ってよいほど登場するのが、５層に分けたピラミッドの各階層に５つの欲求を対応させた

図１　5つの欲求の階層

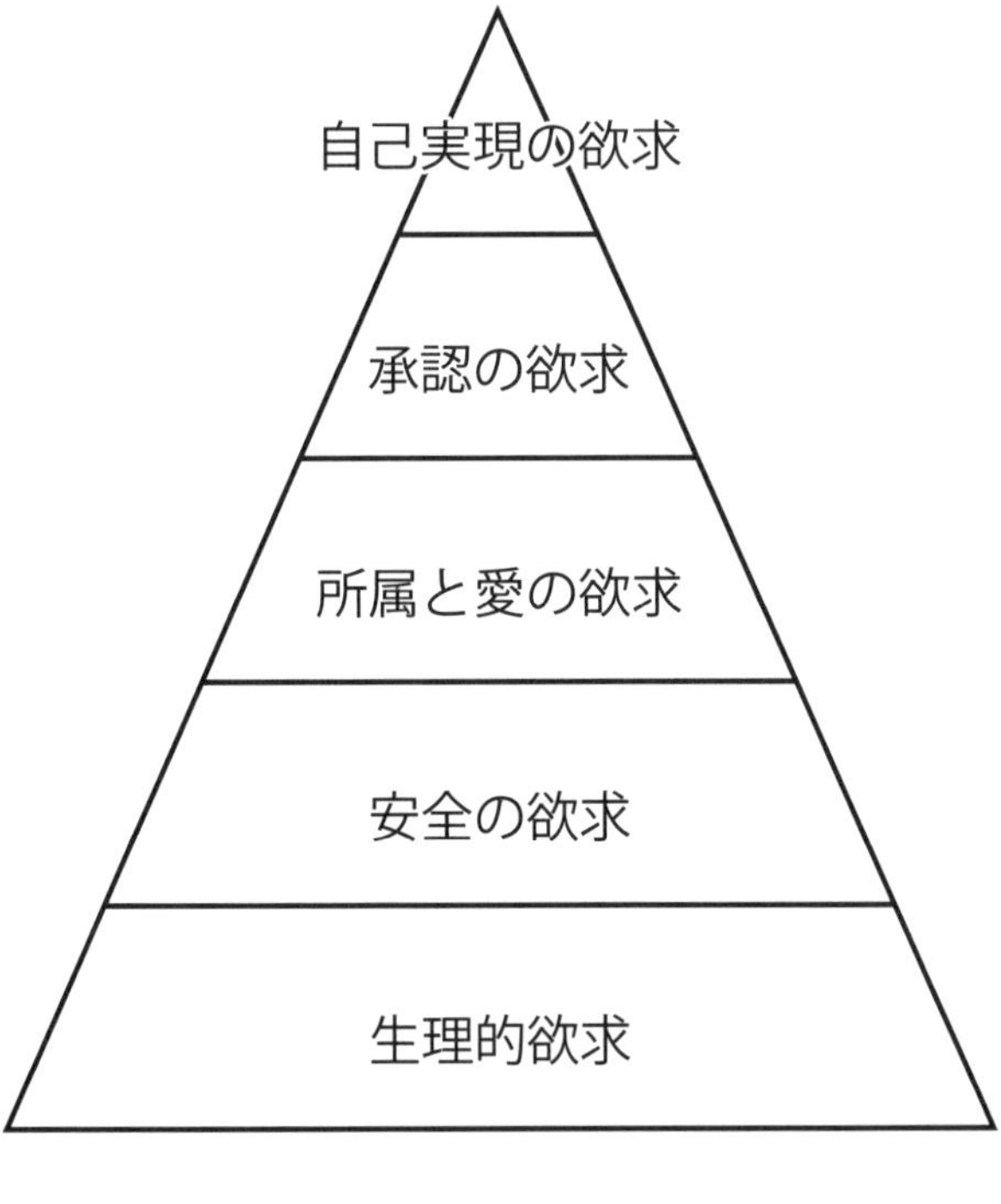

図です。その一例を示しましょう（図1参照）。

階層の一番下が生理的欲求、最上階が自己実現の欲求です。一般的な組織はピラミッド状の人事構造を持っています。よく見るこの図では、人事構造と同様に上層部にいくほど重要度が高まるということを無言のうちに表現したいがために、欲求の階層をピラミッド状で表現したのでしょう。

ただしこの5段階欲求のピラミッドもマズローが考案したものではありません。また、マグレガーの著作にも登場しません。ですから、「5段階欲求」の呼称と同様、こちらも２人以外の別の誰かの創作になるようです。

このいわば「マズローの5段階欲求ピラミッド図」は、欲求の階層の優先順位が一目瞭然になるというメリットがあります。しかしデメリットもあります。それは階層の優先順位が固定的なものと錯覚してしまう点です。マズローが先の論文で指摘しているように、この階層は決して不動のものではありません。人によっては微妙な違いが見られます。

たとえば、承認の欲求に含まれる自尊心が愛よりも重要であるように見える人が存在します。たとえば、最近では少なくなったかもしれませんが、家庭を顧みないモーレツなサラリーマンは承認の欲求の満足、すなわち組織での出世のほうに価値を見出していたのかもしれません。

また、次章で創造性と自己実現との深い関係について述べますが、この創造という行為が文字どおり「三度の飯より好き」だという人がいます。つまり相対的に低次の満足を欠いているにもかかわらず、自己実現の欲求に含まれる創造性を先に追求する人です。画家ゴッホなどはその典型と言えるでしょう。

マズローが指摘した欲求の階層は確かに一般化できそうです。しかしその階層は決して不動のものではありません。場合によっては流動的であることに注意すべきです。

●相対的に高次な欲求の特徴と相対的満足度

個々の基本的欲求は、相対的に高次（または低次）という特徴を持ちます。たとえば愛と所属の欲求は安全の欲求より相対的に高次ですが、承認の欲求から見ると相対的に低次です。相対的に高次な欲求には次のような特徴があるとマズローは言います。

まず、高次な欲求は進化的にあとから発生したものであり、個体発生的には後から発達したものだとも言えます。また、高次な欲求ほど、満足のための緊急性が低くなるという特徴があります。これは低次の欲求のほうが優先される、つまり緊急性が高いということです。さらに、より高次の欲求を充足するほど、生物としての有能性が高く、長寿で、病気が少なく健康的です。これは真の幸福、平静さ、内的生活の豊かさがもたらされることも意味します。加えて、高次の欲求より低次の欲求のほうが明確で部分的で限定されているという特徴も持ちます。

また、欲求には相対的な優先度があるという点は、本章の最初でも述べたように欲求階層論の重要な論点でした。しかし、下位の欲求が１００％満足されなければ、次の欲求が生じないわけではありません。低次の欲求が、１００％ではなくある程度満足されることで、より高次な欲求が現れると考えるのが妥当です。

この点に関してマズローは、一般的な人間について基本的欲求の満足度について、独断であてはめた数字を示しています。これによると、一般的な人間では、生理的欲求が85％、安全の欲求が70％、所属と愛の欲求が50％、承認の欲求が40％、自己実現の欲求が10％、このようにそれぞれが満たされていると見立てています。

マズローが示した数字が正確かどうかは置くとして、この考え方を流用すると「マズローの5段階欲求ピラミッド図」とは別のビジュアル・イメージを想定することができます。従来のピラミッドが四角形の中に取り込まれたイメージです（次ページ図2参照）。

ご覧のように四角形は5層に区分されており、それぞれがマズローの指摘した5つの欲求に相当します。この四角形の中央に従来のピラミッドが位置します。では、ピラミッドを中に含む四角形を、私たちが潜在的に達成可能な自分がなり得るすべてのものになった状態だと考えてください。その上でアミのかかったピラミッド部分に注目してください。この場合、アミのかかったピラミッド部分は、四角形（完全な自己）に対して、まだ完全な自己に至っていない現在の不完全な自分自身だ

図 2　欲求の階層の新たなイメージ

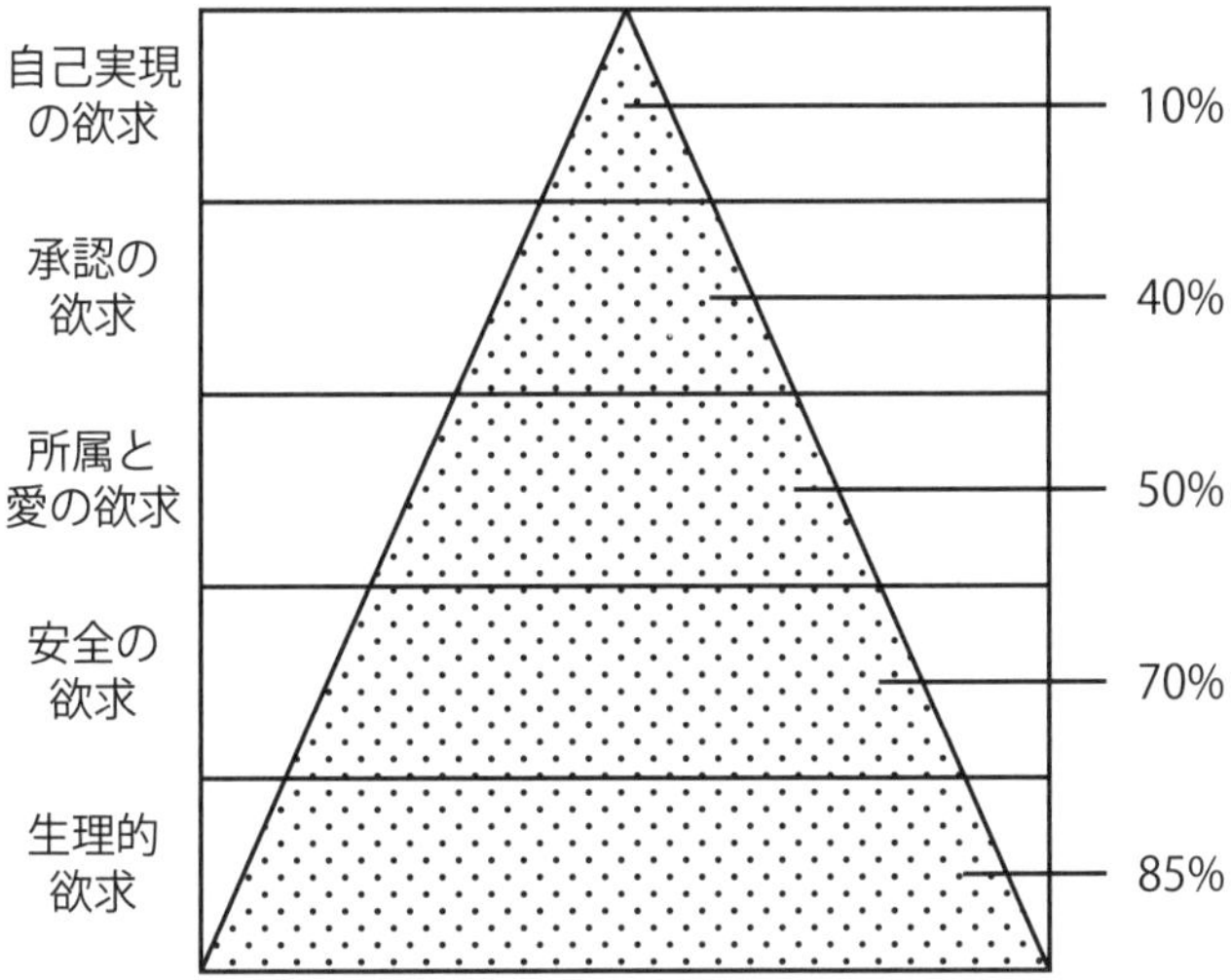

と定義できます。そして、一般的な人ではその達成度が、生理的欲求85％、安全の欲求70％、所属と愛の欲求50％、承認の欲求40％、自己実現の欲求が10％というわけです。

このように、マズローの欲求階層論を四角形とピラミッドの組み合わせで表現することで、いまだ潜在的な能力が開花せず、その結果自己実現に至っていない私たち自身を象徴的に表すことができます。つまりマズローに従えば、私たちは成長の途上にあるのであって、不完全な三角形を完全なる四角形へと変ずるよう努めるべきなのでしょう。このようなイメージが湧く四角形とピラミッドの組み合わせは、「マズローの５段階欲求ピラミッド図」よりも示唆にあふれていると思います。

●欲求階層論が適用できない場合

それから、欲求階層論が適用できる場合と適用できない場合がある点にもふれておきましょう。欲求階層論がどのような状況にも適用できるわけではありません。この考え方が適用できるのは、言論の自由、戦争のない世界、自己表現の自由な世界、これらの自由が妨害されることのない世界での話です。このように考えると、地球上で欲求階層論を適用できるのは、残念ながらまだまだ限られているということになるでしょう。

またマズローは、この欲求階層論自体を暫定的なものであり仮説とみなしていました。そのためこの仮説を実地に適用する場合、慎重に行う必要があると述べています。その上で、欲求階層論を鵜呑みにして熱狂的に支持する人々に懸念を持っていました。同様の懸念をマズローは、マグレガーのX理論とY理論にも抱いていたようです。マズローが指摘するように、私たちも欲求階層論をあくまでも仮説として取り扱い、時に批判的な態度で検証することが望まれます。

たとえば、赤ちゃんでも持っている好奇心、言い換えるならば目新しいものに対する欲求は、基本的欲求になぜ含まれないのでしょうか。あるいは、私たちが生得的に持っているように思える美に対する欲求はどうでしょう。こうした疑問を投げかけて回答を模索し、欲求階層論をさらに精緻化する、あるいは場合によっては新たな理論を構築することも必要になるでしょう。

ちなみに、好奇心に関しては生理的欲求または安全の欲求の枠組みで捉えられるのではないでしょうか。私たちは種を守るため進化してきたわけですが、環境は常に変化することが真だとすると、新しい出来事に尻込みするのではなく、好奇心を持つことが、種を保存するための決定的に重要な戦略になるはずです。だから人は好奇心旺盛なのでしょう。逆に好奇心の低下は確実に死に近づいていると言えるのかもしれません。だから年配者ほど保守的になるのかもしれません。

また美しいものに堪え難い欲求を感じるのも人の大きな特徴です。本来人間に美意識が備わっていないとするならば、縄文人や弥生人が土器に装飾を施すことはなかったように思えます。どうやらこの美に対する欲求は、私たちが持つ自己実現の欲求と深く関係があるようです。

そこで次章では、とかくその正体が曖昧な自己実現とその欲求について、さらに詳しくふれることにしたいと思います。

第3章　自己実現

●リーダーシップと自己実現

アメリカの経営学者で南カリフォルニア大学教授などを務め、同校のリーダーシップ・インスティテュートを創設したウォレン・ベニスという人物がいます。ベニスは独自のリーダーシップ論の論客で、関連著作を多数発表しています。また、ベニスはマズローにも傾倒した人物で、マズローの葬儀の際には長文の弔辞を読み上げ、また、『完全なる経営』には序章を寄せました。マズローとも関わりの深いこのベニスが、リーダーシップの本質について印象深い言葉を残しています。

いつの時代にも、リーダーシップは人格と「自分自身であること」にかかわっている。

ウォレン・ベニス『リーダーになる』（2008年、海と月社）

ベニスの言葉を読んで「?」と思う人も大勢いるに違いありません。一般的にリーダーシップといえば「人を引っ張る力」「人に影響力を及ぼす力」などと考えられています。これに対してベニスは「自分自身であること」と述べているわけです。これはいったいどういうことでしょう。

実はベニスのこの言葉は、欲求階層論の最上階に位置する「自己実現」と非常に関わりが深いのです。ここでは「リーダーシップがなぜ自分自身であることなの?」という疑問には即答せず、その前にマズローが述べた自己実現について順を追って解説していきたいと思います。そうすれば、ベニスがなぜ右のような言葉を残したのかがわかると思います。

すでに見てきたように、マズローは欲求階層論を公開した論文「人間の動機づけに関する理論」において自己実現という言葉を用いています。この中でマズローは自己実現を次のように定義しています。

この言葉は、人の自己充足への願望、すなわちその人が潜在的にもっているものを実現しようとする傾向をさしている。この傾向は、よりいっそう自分自身であろうとし、自分がなりうるすべてのものになろうとする願望といいえるであろう。

アブラハム・マズロー『人間性の心理学』

もっともこの論文における自己実現の欲求への言及は極めて簡潔で、日本語版『人間性の心理学』の掲載分ではわずか16行を費やしているに過ぎません。その後マズローはこの自己実現にさらなる興味を抱き、遅くとも１９４５年までに研究をより深める努力をしています。

とはいえ、自己実現に関するマズローの考察は、当初、研究として企てられたものではありませんでした。マズローには、人間的にとても素晴らしい尊敬する師が２人いました。マックス・ヴェルトハイマーとルース・ベネディクトです。マズローにとって２人は普通の人間ではなく、人間以上の何かであったと言います。そこでマズローは、彼らのどこがそれほど魅力的なのかを解き明かすため、その特徴を記録することにしました。まず、ヴェルトハイマーに関するメモを作り、同様にベネディクトに関してもノートをこしらえました。そして１９４５年には、「素晴らしき人間（Good Human Being）」（「ＧＨＢ」ノート）という研究日誌を作るに至ります。これらの活動がやがてマズローの自己実現研究へと開花します。

●ヴェルトハイマーとベネディクト

マズローの自己実現研究にふれる前に、その契機になったマックス・ヴェルトハイマーとルース・ベネディクトについて簡単にふれておきましょう。

マックス・ヴェルトハイマーは、プラハ生まれのユダヤ人で、フランクフルト大学で心理学や哲学を講義しました。特に心理学分野では、同僚のクルト・コフカやウォルフガング・ケーラーらとともに人の知覚に関する研究を行い、思考や知覚における人間の全体的なまとまりの重要性を説きます。「喉が渇いた」という感覚は、喉がそう感じているのではなく、全体的なまとまりとしての人間がそう感じているということです。このように、人間を部分で考えるのではなく全体でとらえるアプローチをゲシュタルト心理学と呼びます。ヴェルトハイマーは、コフカやケーラーとともに、このゲシュタルト心理学の創始者と呼ばれるようになります。

ナチスの魔手を逃れてアメリカに亡命したヴェルトハイマーは、ニューヨークの新社会研究学校（ニュースクール）を拠点にし、ここで哲学と心理学の大学院課程の創設に汗を流します。マズローがヴェルトハイマーに出会うのはこのニュースクールでのことで１９３５年頃と見られます。以来マズローは、ヴェルトハイマーの明晰な知能のみならず温かい人柄に心酔します。

一方、ルース・ベネディクトは、第1章でも述べたように日本では著作『菊と刀』で著名なアメリカの人類学者です。結婚したあと学位をとるために34歳でコロンビア大学に通い始めるという、少々ユニークな経歴を持ちます。マズローがベネディクトと出会うのは、すでに彼女が１９３４年に名作『文化の型』を世に出したあとのことです。

少々耳が遠いというハンディキャップを持ちながら、物静かにもかかわらず、人類学にほとばしる情熱を傾けるベネディクトに、マズローは大いに惹かれました。もっとも第２次世界大戦中、ベネディクトは政府からの要請による日本の研究でワシントンに移ったためマズローとは疎遠になります。戦後、マズローはベネディクトと再会する機会を得たので、面会を申し込みますが、にべもなく断られます。これにはマズローも途方に暮れたようです。ベネディクトは１９４８年に他界するので、何故ベネディクトがマズローを拒んだのか、いまもってはっきりした理由はわかっていません。

マズローはこの２人ついてメモを取り始め、やがてこれは「ＧＨＢ」ノートに取りまとめられることになります。そして彼らの特徴を記録していくうちに、マズローは２人の型が共通していて一般化できることに気づきます。ちなみにマズローは大のメモ魔だったようです。思いついたことはカードに記述して、それを「支配」「男らしさ、女らしさ」「価値」「自己実現」などの表題をつけたホルダーに綴じていました。ドライブ中で何か思い浮かぶと自動車を路肩に止めてメモをしたそうです。妻のバーサはこのマズローの奇行に慣れるのにずいぶん我慢を強いられたといいます。

●自己実現を研究するための方法

それはともかく、ヴェルトハイマーとベネディクトを観察した「ＧＨＢ」ノートは、マズローの自己実現研究の道を開くことになります。この研究は従来の心理学とは一線を画するものでした。というのも従来の心理学が精神的に不健康な人々を研究対象にしていたのに対して、マズローのアプローチは優れて健康的な人々を対象にしている点です。しかし考えてみれば、心理学が健康人をあまり対象にしてこなかったことは意外としか言いようがありません。

マズローは、健康人を対象にした研究では新しいアプローチが必要だと悟ります。

「もし私がある人を知りたいと望んだとしたなら、もっともよい方法は何なのか？」

「ある人を知るために、標準的自然科学の通常の手続きは、この目的に対してどれほど適格なのだろうか？」

この問いをマックス・ヴェルトハイマーとルース・ベネディクトのような卓越した人々に適用した場合、ネズミやサルの行動研究は役に立たないでしょう。マズローは改めて行動主義心理学の限界に思いを馳せたのではないでしょうか。

この問いに対してマズローがとった手法こそが、第1章でふれた実存主義的、現象学的手法にほかなりません。つまり対象から距離を置き、先入観を捨てて観察したままを記述する方法です。そしてこの研究は１９５０年に論文「自己実現的人間（Self-actualizing people）——心理学的健康の研究」として結実します。この論文がマズローの自己実現論を明らかにした最初のものとなります。この論文はのちに著作『人間性の心理学』に収録されます。

自己実現的人間（以下「自己実現者」と表記します）を研究する最大の障壁は、そもそも自己実現者を探し出すことでしょう。それには自己実現者の基準が必要です。マズローは次のような基準を設けて自己実現的な人々としました。

①負の基準……神経症や精神病質、精神病、またはそのような強い傾向にあてはまらない人

②正の基準……才能や能力、潜在能力などを十分に用い、また開拓していて、自分たちに可能な最も完全な成長を遂げてしまっている人

この基準に沿ってマズローは現代人や歴史的偉人から自己実現的人間を取捨選択します。マズローが自己実現的人間として選んだのは次のような人物でした。

現代人でかなり確実な者……７名
現代人で非常に可能性がある者……２名
歴史上の人物でかなり確実な者……２名（晩年のリンカーンとトマス・ジェファーソン）
有名人および歴史上の人物で非常に可能性が高い者……７名（アインシュタイン、エリノア・ルーズベルト、ジェーン・アダムズ、ウィリアム・ジェームズ、シュバイツァー、オルダス・ハ

クスレー、スピノザ）

現代人で不十分なところはあるものの、それでも研究に使える者……5名

潜在的もしくは可能性のある症例・他者によって示唆、もしくは研究された者……37名（ゲーテ、マルチン・ブーバー、D・T・スズキ、ジョセフ・シュンペーター、ジョージ・ワシントン、トマス・モア、ベンジャミン・フランクリン、ウォルト・ホイットマンなど）

現代人については存命中の人ばかりだったのでマズローは実名を記すのを差し控えています。とはいえ自己実現者として「現代人でかなり確実な者」の7名の中に、マックス・ヴェルトハイマーとルース・ベネディクトはほぼ確実に入っていたはずです。もっとも後世の私たちからすると、歴史的人物として候補に挙がっている人物から、マズローの言う自己実現者をイメージするしかありません。

ちなみにマズローが「D・T・スズキ」という人物を掲げている点に注目してください。この人物は唯一の日本人で「鈴木大拙」にほかなりません。明治3年生まれの鈴木は東京帝国大学時代に禅に目覚め、アメリカに渡って出版社に勤務するかたわら、同国で禅思想をわかりやすく解説した人物です。いわば欧米に日本の禅を初めて紹介したのが鈴木で、その代表作『禅と日本文化』（1938年）は英文で書かれたものでした。日本では抄訳が岩波新書の1つになっています。

話を本題に戻しましょう。自己実現者をピックアップしたマズローは、続いて現代人については面接、歴史的人物については文献調査を行います。そして、自己実現者の特徴を現象学的手法で記述しようとしました。

しかしながら、マズローが採用した方法に疑問を抱く人もいるでしょう。そもそも、マズローが選んだサンプルは自己実現者として適切で偏りがないのか、と。このような批判についてはマズローも先刻承知していたようです。論文には方法論的に欠けるところがあるものの、他人に証明したり説明したりするよりもむしろ、自分自身を納得させ、自分自身に教えるためにこの論文を書いた、と記しています。

●自己実現者に共通する15の特徴

では、マズローが取り上げた自己実現者から、どのような共通点が浮かび上がったのか、その点を確認しましょう。マズローは自己実現者に共通する15の特徴を列挙しています。以下、マズローが列挙した要因の概要を『人間性の心理学』を基に掲載します。

①現実をより有効に知覚し、それとより快適な関係を保つこと

マズローがトップで掲げる自己実現者の特徴は、他人を正しく判断する能力です。仮に人がごまかしや作り事、不正直な行為などを行ったとしたら、自己実現者はそれを即座に見つけだす並外れた能力を有しています。マズローはこれを「無邪気な目」を持った人だとも言います。

②受容（自己・他者・自然）

これは自分や他者、自然をあるがまま受け入れる態度を指します。仮に自分や他者に罪深さや弱さ、邪悪さがあったとしても、自己実現者は自然を自然のまま受け入れるように、あるがまま受け入れます。

③自発性・単純さ・自然さ

自己実現者は行動が自発的です。しかも内面生活や思想、衝動においてさらにいっそう自発的だという特徴を持ちます。またその自発性は努力によるものではないようです。そうではなくて、より完全な自分になろうとする動機づけを基礎に、文字どおり自発的に発展します。「彼らにとって動機づけとはまさに人格の成長であり、性格の表現であり、成熟であり、発展」なのです。

④課題中心的

自己実現者は、人生において何らかの使命や達成すべき任務、自分たち自身の問題でない課題を持っていて、それに多大なエネルギーを傾注しています。ちなみに経営学者ピーター・ドラッカーは成果を上げる人になるには、自身のミッション（使命）に気づくことが大切だと述べましたが、自己実現者はこのミッションを理解し、それに従って生きている人と言えます。

⑤超越性・プライバシーの欲求

自己実現者は、独りでいてもあまり傷ついたり不安になったりすることはない、という特徴を持ちます。これは、平均的な人々よりも孤独やプライバシーを好む、と言い換えられます。ただそのような態度が時に他人には、冷たさや愛情の欠落、友情のなさ、敵意と映ることがあり、普通の社会では面倒を引き起こす原因になることがあります。

⑥自律性・文化と環境からの独立、意志、能動的人間

自己実現者は物理的環境や社会的環境から比較的独立しているという特徴を持ちます。彼らが興味を持つのは自分自身のたゆみない成長です。そのため、自分自身が持つ可能性と潜在能力を頼りにします。結果、外部依存的ではなく、環境から独立する傾向が強まります。

⑦認識が絶えず新鮮であること

自己実現者は、他の人にとってもはや新鮮味がなく陳腐なことでも、常に新たに、驚きや恍惚感さえもって認識するという特徴があります。「妻が60歳の時にも、40年前に彼がその美しさに心を動かされたと同じように美しいと思うのである」とマズローは記しますが、これは「認識が絶えず新鮮である」の極めて具体的でわかりやすい一例だと言えます。

⑧神秘的経験 - 至高経験

自己実現者のすべてとは言わないまでも、その多くが、心理学者ウィリアム・ジェームズが言う神秘的経験を体験しています。ちなみに、マズローはこの神秘的経験は十分に科学の対象となるものだと考えました。そのためか、非科学的な印象が強い神秘的という言葉を使わずに、以後、「至高経験（Peak Experience）」という言葉を用います。至高経験は60年代（すなわち第４期）におけるマズローの主要テーマになるので、次章で詳しくふれたいと思います。

⑨共同社会感情（共同体感覚）

自己実現者は心理学者アルフレッド・アドラーが指摘した共同社会感情（共同体感覚）を強く持ちます。共同体感覚とは人が全体の一部であること、全体とともに生きていることを実感することを指します。共同体感覚を得るには私的な論理で行動するのではなく、共同体に貢献するよう行動する必要があります。自己実現者はこの特徴が際立っているとマズローは分析しました。

⑩対人関係（少数との深い結びつき）

自己実現者は、深い対人関係を取り結びますが、関係を結ぶ相手は決して多くありません。「彼らの友人の範囲はかなり狭い。彼らが深く愛する人々は、数においては非常に少ないのである」とマズローは記します。現代社会ではＳＮＳで「お友達」を大勢作るのが流行しています。これは自己実現者の対極に位置する態度だと言えるのかもしれません。

⑪民主的性格構造

自己実現者は民主的という特徴を持ちます。マズローが言う民主的とは、彼らにふさわしい性格の人ならば、階級や教育程度、政治的信念、人種、皮膚の色に関係なく、誰とでも親しくできる、という意味です。自己実現者が相手を評価する基準は、その人が持つ性格や能力、才能です。

⑫手段と目的の区別、善悪の区別

自己実現者は正邪や善悪を区別する高い倫理観を持ちます。正しいことを行い、間違ったことを行いません。またその際に手段と目的を区別するのも自己実現者の大きな特徴です。概して手段よりも目的を重視するのが彼らの特徴です。

⑬哲学的で悪意のないユーモアのセンス

自己実現者は通常の人とは異なったユーモアのセンスを持ちます。異なったセンスとは優越感や権威に対するありがちなユーモアではなく、ただ笑わせるというよりも、諺や寓話にも似たユーモアです。マズローは自己実現者が持つこの特徴を、研究を始めた非常に早い時期に簡単に発見したと述べています。

⑭創造性

自己実現者は例外なくいずれかの点で特殊な創造性、独創性、発明の才を持っています。彼らが持つ創造性は、天真爛漫な子どもが持つものに似ています。子どもが持つ創造性は、人が社会化される中で失われていくものです。この能力を持ち続けるか、あるいは一旦失ったあとでその能力を回復させるのが自己実現者です。特に後者の場合をマズローは「第二の純真さ」と呼びました。やがてマズローは創造性と自己実現をほぼ同義ととらえます。

⑮文化に組み込まれることに対する抵抗、文化の超越

自己実現者は、文化にはどっぷりとつからず、内面的な超越を保持しています。自己実現者は文化に対して反逆しているわけではありません。時に怒りをぶちまけることもあります。しかし、それは長期にわたる徹底したものではありません。彼らは社会の法則ではなく自身の法則に支配されている点で超越的なのです。

●自己実現者に見る使命と職業

いかがでしょう。このようにマズローは15の要因から自己実現者を記述しました。確かに経験を洗いざらい列挙するのは現象学的手法として正しい流儀なのでしょう。しかしマズローが指摘する特徴は体系化とは無縁で、そこから自己実現者の全体像を想起するのはなかなか困難と言わざるを得ません。もちろんマズローのアプローチは、間違った自己実現者像を描くよりも明らかに適切です。しかし、やはりその姿をもう少しリアルにイメージしたいと思う人が多いに違いありません。

マズローは、論文「自己実現的人間――心理学的健康の研究」の発表以降も、自己実現者に関してたびたび言及しています。そこで、ここではそれらも念頭に、①使命と職業、②創造欲、③成長欲と自律性という3つの観点から、自己実現者の姿をより詳細に描くことで、彼らのイメージをもっ

とリアルなものにしたいと思います。

マズローが列挙した自己実現者に共通する15の特徴のうち、まずここでは「④課題中心的」に注目しましょう。これは自己実現者が何らかの使命や達成すべき任務、自分自身の問題でない課題を持っていて、それに多大なエネルギーを傾注することでした。こうした使命や課題は、通常、自己実現者が従事する「仕事」を通じて追求されます。この点についてマズローは、死後に編まれた著作『人間性の最高価値』の中で次のように述べています。

自己実現しているひとびとについて直接に調べてみると、（中略）彼らが献身的な人びとであって、「自己の外部」の何らかの仕事、職業、業務、あるいは愛すべき職務に身を捧げていることに気がつく。

アブラハム・マズロー『人間性の最高価値』

マズローのこの言葉は「課題中心的」な自己実現者の特徴を別の言い回しで表現したものと考えてよいと思います。しかしながら、マズローの言う「課題」と「仕事」は等価ではありません。引き続きマズローの次の言葉に注目してください。

彼らが献身している仕事は、本質的価値の化身ないし権化として理解することができるように思

われる。仕事は、これらの価値を具体的なものにするがために愛される。つまり、最終的に愛されるのは仕事そのものよりもむしろ、それらの価値なのである。

アブラハム・マズロー『人間性の最高価値』

つまり仕事とは、自己実現者が持つ課題を追求するための手段であって、課題そのものではないという主張です。課題は同じでも追求の手段（つまり仕事）はいくつも考えられるということです。またマズローは右の一文で「課題」のことを「本質的価値」「価値」と言い換えている点に注意してください。では、自己実現者が追求する「課題＝本質的価値」とは何なのか――。

マズローはこの価値について代表的なものを突き止めています。マズローはこれを「Ｂｅｉｎｇ（存在）価値」略して「Ｂ価値」と呼びました。

●自己実現者が追求するＢ価値とは何か

Ｂ価値とは人間にとっての究極的かつ本質的な価値であり、もうそれ以上は分析できないものとして私たちが知覚するものを指します。マズローはこの語を１９６２年出版の『完全なる人間』で初めて用いています。しかしマズローがＢ価値として列挙する本質的価値は、のちに出版される『創造的人間』や『人間性の最高価値』で微妙に修正されています。後者の2書に掲載されているB価値は内容が同じなので、ここではこちらを掲げることにします。B価値は全部で14種類あります。次のとおりです。

真、善、美、全（二分の超越）、生気、独自性、完全（必然性）、完結、正義、簡素、豊かさ、無努力、遊戯性、自足性。

B価値は階層構造ではありません。いずれも同じように重要なものです。また、「真は善であり美である」のように、B価値は他のB価値で表現できるという特徴を持ちます。したがって、ここで掲載したB価値の特徴とは、総体としてのB価値を異なる視点で表現したものです。もう言うまでもないと思いますが、これもマズローが得意とした現象学的アプローチによるものです。

それはともかく、ここでは前章で示した欲求階層論のピラミッドまたはピラミッドを内に含む四角形を思い出してください（図1および図2）。最上階層にあるのが自己実現の欲求でした。この欲求をある程度満たした人が自己実現者であるわけですが、この階層に属する人々はここで掲げたB価値の追求者としても記述できるわけです。

そしてこれらの価値の追求は、その人にとっての使命（ミッション）となり、さらにその追求のための手段が仕事、職業、業務、職務であるわけです。バリバリ仕事をしている人は自己実現しているように見えます。しかし本当の自己実現者は仕事を愛しているのではありません。仕事の背景にある価値を愛している、とマズローは述べているわけです。さらにマズローはこう述べます。

仕事は、究極的価値の運搬者、道具、もしくは化身になっているようである。彼らにとってはたとえば法律の仕事は、正義という目的のための手段であって、目的そのものではない。

アブラハム・マズロー『人間性の最高価値』

右の一文でマズローが一例として挙げる「彼らにとってはたとえば法律の仕事は、正義という目的のための手段であって、目的そのものではない」には、私たちが自分の仕事（あるいは学生なら将来の仕事）を考える上で極めて重要な意味が含まれています。どういうことかと言うと、「就きたい職業に就くこと」がイコール「自己実現」とは限らない、という点です。

●職業人が持つべき価値観について考える

開成中学校・高等学校校長の柳沢幸雄が著作『なぜ、中高一貫校で子どもは伸びるのか』（2015

年、祥伝社新書）の中で、優秀な若者が医学部を志望するケースが増えており、開成もその例外ではないと述べています。柳沢はその理由として、「日本の企業社会の矛盾と限界を感じ、そのなかで翻弄されることを避けるために、ライセンスを持って生きていくという方向へシフトしたのではないか」と記しています。

要するに、食べていくのに有利だから、あるいは安定した生活が送れるから、さらに穿《うが》って言うならば人生の落伍者になる可能性が少ないから、医者を志望するということなのかもしれません。その一方で、生命の危機にある人を救いたい、困っている人を助けたい、健康な人が住む社会を実現したい、といった理想に燃えて医者を目指す人も必ずいるに違いありません。では、ここで次の問いに答えてみてください。

ここに2人の医者がいます。一方は安定した生活が送れることを理由に医者になった人物、もう一方は人の生命を救いたいがために医者になった人物です。

いまあなたの大切なパートナーが急病となり、すぐに適切な処置を施さないと命にかかわると想像してみてください。パートナーに処置を施せるのは右の2人の医者しかいません。あなたにはいずれかの医者を選ぶ権利があります。しかし医者の力量まではわかりません。あなたがわかっているのは、彼らが医者になった動機だけです。さて、あなたはいずれの医者を選ぶでしょうか——。

おそらく全ての人が、人の生命を救いたいがために医者になった人物を選ぶはずです。

２人の医者をマズローの欲求階層論で考えてみましょう。安定した生活が送れることを動機とする医者は、言い換えると、安全の欲求を満たすために医者になった、と言えます。では、この人物にとって医者になることが、安全の欲求を最低限満たす条件だったとしましょう。だとしたら、さらに安全の欲求を満たすためにこの医者は、より経営基盤の安定している病院への転職や病院内での高い地位を求めるに違いありません。

また、この医者が安全の欲求をかなり高いレベルで満たしたとしましょう。欲求階層論の理論をあてはめると、この人物には新たに所属と愛の欲求が現れるでしょう。たとえば、医師のグループに入って仲間づくりをするかもしれません。さらにこのようなグループ内でトップを目指し、承認の欲求を満たすことも考えられます。何だか小説や漫画に出てきそうな医者ですが、同様の医者が実在しないとは限りません。

一方でもう１人の医者は、人の生命を救うことに価値を見出していました。その価値を追求する手段として医者という職業を選びました。彼が重視する「人の生命を救うこと」とは、「善」なることであり「正義」でもあり「美しい」ことであるとも言えるでしょう。つまり「人の生命を救うこと」には、Ｂ価値がほとばしっていることがわかります。

もう一度先の質問に立ち戻りましょう。私たちは自分の大切なパートナーの命を救ってくれる医者として、安定した生活が送れるために医者になった人物ではなく、人の生命を救いたいがために医者になった人物を選びました。欲求階層論に従って言い換えるならば、安全の欲求のレベルにある人物よりも、自己実現者が追求する価値を重視する人物を選びました。後者の医者が、自己実現しているかどうかは別として、少なくとも自己実現者が追求する価値を尊重しているという点で、この医者は自己実現の欲求に動機づけられているのがわかります。より簡単に表現すると、前者の医者は相対的に低次な価値観の世界で生きているのに対し、後者の医者はより高次な価値観の世界に生きていると言えます。

そして私たちは、同じ医者でも、低次な価値観の世界で生きている者よりも、高次な価値観の世界に生きている者を選びました。人間は平等です。しかし右で見た選択は、その人が持つ価値観によって、その人物の価値に軽重があることを雄弁に物語っているのだと思います。

もちろんこれは医者に限った話ではありません。すべての職業に就く人に共通して言えることです。ですから、職業で人の価値を測定することはできません。どういう価値観のもとにその職業に携わっているのか。この点こそがその人物の価値を測定する物差しになります。そして、自己実現者はB価値というより高次の価値観の世界で生きるという点で、非常に価値の高い人だと言えます。

●創造性と自己実現の深い関係

次に自己実現者と創造性の関連について考えてみたいと思います。マズローが列挙した自己実現者の特徴にもこの創造性が含まれていました。創造性についてマズローは、「創造性の概念と健康で、自己実現をとげつつある完全なる人間の概念とは漸次合体し、おそらくついに同じことになってしまうというのが、私の感じである」（『人間性の最高価値』）と述べています。

自己実現者が創造的であるのは何となくわかるような気がします。しかし創造性の概念と自己実現者の概念が同じになるとはどういうことなのか――。この問いに答えるために、まずは、「創造（創って造る）」という言葉について考えてみたいと思います。

まず創造の「創」ですが、こちらには「（刃物で）傷つける」「新しくはじめる」という２つの意味があります。この２つの意味はまったく異なることを指しているように見えます。しかし私には両者に密接した関係があるように思えてなりません。

木材に最初のノミを打つ。キャンバスに最初の一筆を入れる。原稿用紙に最初の一文字を刻み込む――。筆やペンは刃物でありませんが、ノミは明らかに刃物の一種でしょう。そして真っ新の材木やキャンバス、原稿用紙に初めて手を入れること、すなわち「新しくはじめる」ことは、それらを「傷つける」ことにほかなりません。つまり「傷つける」ことは「新しくはじめる」ことであり、これが「創」の持つ意味だと私は考えます。

次に「造」ですが、広辞苑によるとこの語は「目的の地点まで到達する意。転じて、物をつくり上げる意に用いる」とあります。つまり先の「新しくはじめる」という「創」に対して、同じ「つくる」であるこちらの「造」には「目的の地点まで到達する」という意、つまり「完成させる」という意味があるわけです。

以上から私たちが普段何気なく使う「創造」という言葉には、「何かを新しくつくりはじめて完成させる」という、いわば「始末」「始まりから終わり」があることがわかります。そして、この「創」と「造」は、マズロー流に解釈すると、前者が「第一次創造性」で、後者が「第二次創造性」に該当すると言えます。どういうことか説明しましょう。

●第一次創造性と第二次創造性

マズローは創造性には2種類あると考えました。いや、むしろ、創造性とは2つの過程を通過する、あるいは繰り返すと言ったほうが適切かもしれません。

最初の過程は、空想や直観、ひらめき、夢など、いわば人が持つ無意識から突如として湧き上がってくる創造です。マズローはこれを創造の第一次過程と位置づけ、この過程での創造性を「第一次創造性」と名づけました。第一次創造性の特徴は空想的、詩的、芸術的、遊戯的、子どもっぽさ、女らしさ、本能の抑圧から解放などを指し、総じて言うとディオニュソス的特徴を持ちます。

フロイトは無意識による本能の衝動を破壊的なものと考えました。しかしマズローにとって無意識は、第一次創造性の根源となるものであって決して低級なものではありませんでした。この第一次創造性は、創造の始まりとも位置づけられますから、「創造」の文字にあてはめると「創」に該当すると言えます。

第一次過程に続いて第二次過程での創造が行われます。この第二次過程では全体的受容に続く批判、直観に続く厳密な思考、幻想と想像に続く現実の検証を行います。その特徴は科学的、合理的、現実的、懐疑的、秩序的、訓練、批判、男らしさ、厳密な思考による完璧な仕事水準であり、総じて言うとアポロ的特徴を持ちます。マズローはこの創造の第二次過程を「第二次創造性」と呼びました。「創造」の「造」がどちらかと言うとこの第二次創造性に該当します。

従来の教育では、第一次過程で重視する本能を抑制する一方で、第二次過程で重視する理性の育成に注力してきたきらいがあります。そういう意味で今後の教育は第一次創造性の開発を促すとともに、第一次創造と第二次創造を繰り返して実行することで達成できる「統合的創造性」を目指すべきだ、とマズローは言います（次ページ図3参照）。

さらにマズローは、創造性には「特別才能の創造性」と「自己実現の創造性」とがあって、これらを区別すべきだとも主張します。ゴッホやモネ、ピカソなどの名だたる芸術家はあまたの傑作を生み出しました。これらの作品は「特別才能の創造性」による結果だと言えます。しかし創造性は所

図 3　統合的創造性

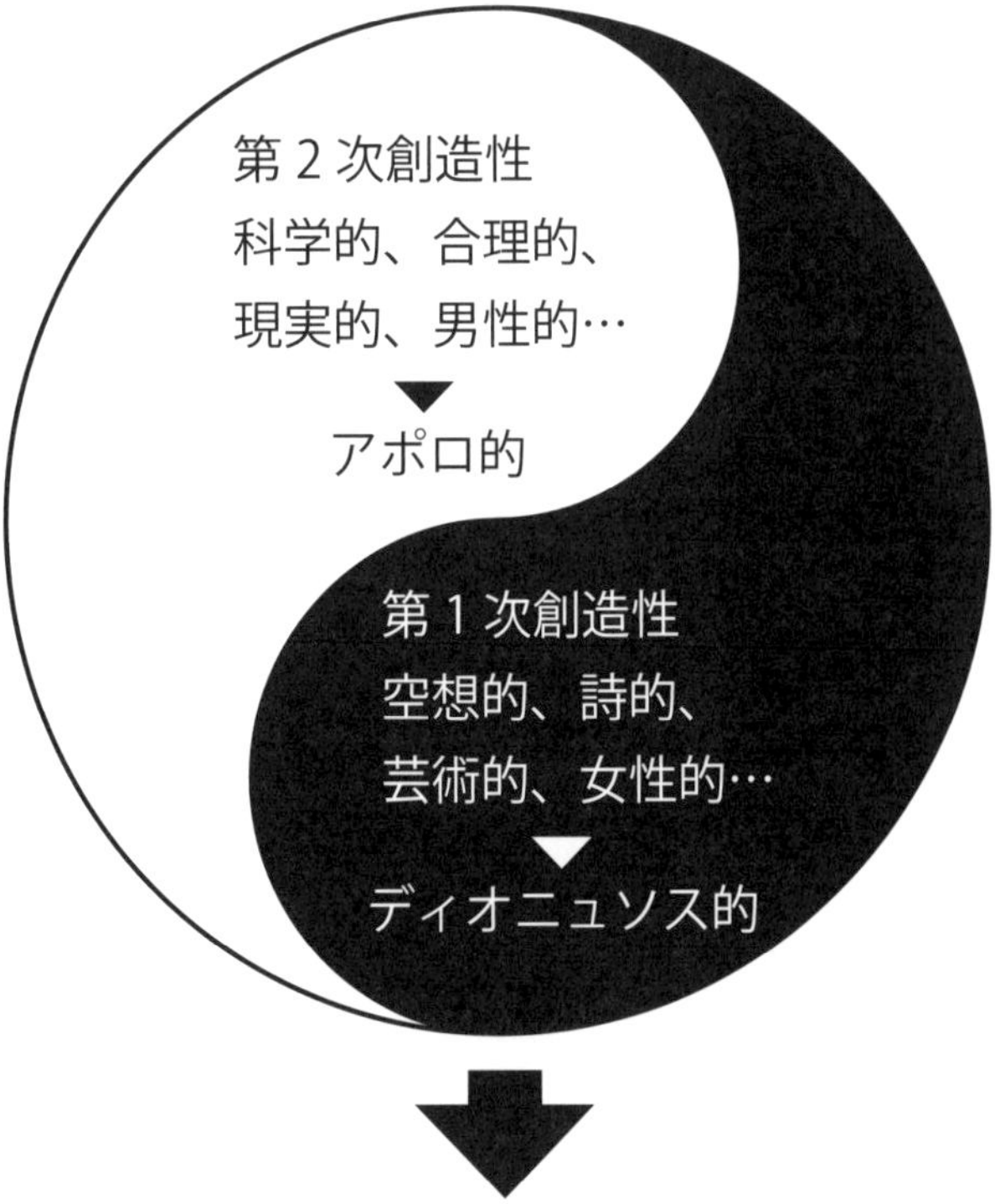
第 2 次創造性
科学的、合理的、
現実的、男性的…
アポロ的
第 1 次創造性
空想的、詩的、
芸術的、女性的…
ディオニュソス的
統合的創造性

産（作り出したもの）の良し悪しのみを対象とするのではなく、創造に挑む態度も対象とするものだ、とマズローは言います。

その一例としてマズローは、十分な教育を受けていない貧困なとある主婦について言及しています。彼女は伝統的に創造的と言われる仕事は何もしていません。しかし、彼女の家はいつも小綺麗に整えてあり、マズローが訪れると彼女はいつも素晴らしいご馳走で歓待してくれます。敷布や銀食器、ガラス器具、瀬戸物などに関する趣味は非の打ち所がありません。独創的で着想が新奇で、工夫の才があり、予想を許さず、発明的でさえあります。そんな彼女のことをマズローは「創造的と呼ばざるを得なかった」（『創造的人間』）と記しています。

この女性は「特別才能の創造性」から生まれる所産（作品）は特に作り出していません。しかし彼女は、拘束や嘲笑の心配から自由になって、自分の考えや衝動を存分に表現しています。マズローは彼女が持つこのような創造性を「自己実現の創造性」と呼びました。では、何故、「自己実現」の創造性なのか――。

マズローが掲げた女性の例からもわかるように、創造性とは自分自身を最大限に表現することです。本来そうあるべき自分を解放する、自分が持つ潜在的能力を最大限発揮することだと言ってもいいでしょう。これは自己実現の定義である「人が潜在的に持っているものを開花させて、自分がなり得るすべてのものになること」（第２章参照）とぴたりと一致します。だからマズローはこの創造性を「自己実現の創造性」と呼びました。そしてこの点を念頭に、自己実現の概念と創造性の概念がやがて合体する、と述べたわけです。自己実現者とは創造性をみなぎらせた人物であり、裏返すと創造性をみなぎらせた人物は自己実現者である可能性が極めて高くなるということです。

●成長動機と自律性

マズローは欲求階層論を発表したのちに、「欠乏動機」という新たな考え方を提示しました。「欠乏（Deficiency）」からこれを「D動機」とも呼びます。D動機の特徴は足りないと不満足が生じるもので、基本的に低次の欲求（生理的欲求、安全の欲求、所属と愛の欲求、承認の欲求）は、欠乏が欲求の動機になっています。

D動機を根拠とする欲求は、満たされないと病気になります（第2章参照）。逆にある程度満たされると、人は飽きてしまい、その欲求自体を忘れてしまうものです（満腹時の食欲を思い出してください）。そのため人はさらに別の欲求、さらに高次の欲求を持つようになります。これは欲求階層論の重要な論点の1つでした。こうして相対的に低次な欲求を満足させると、人はやがて「成長動機」を持つようになる、とマズローは言います。

成長動機とは自己実現への傾向に動機づけられるもので、成長することそれ自体が目的となります。自己実現者は「課題＝本質的価値」を追求します。この「課題＝本質的価値」がＢ価値だったことを思い出してください。美や善、完全、正義などといったＢ価値は、ある程度達成しても人は満足しません。さらに先へ先へと、その最深部を目指して人は突き進みます。つまり人はＢ価値の追求に飽きることはありません。それは汲んでも汲んでも尽きない泉です。だからもっと汲んでやろう――。飽くなき追求とでも言いましょうか。これこそが成長動機の本質です。

自己実現者はこの成長動機によって動かされています。自分にある潜在的可能性を最大限に発揮してＢ価値を追求したいという動機に動かされます。否、むしろ、動機づけられているというよりも、「内在していたものが展開された」（『人間性の心理学』）と表現すべきだ、とマズローは言います。

注目したいのは自己実現者がＢ価値を追求することで、自分自身の成長や成熟を目指すという点です。考えてみると安全や所属、愛情、承認などの欲求は、当人以外の別の人だけが、その欲求を満足させることができます。したがって、欠乏動機を基礎に生きている人は環境依存的だと言えるでしょう。

これに対して欠乏欲求が満たされた自己実現者は自分自身の成長が最大の関心事です。自分自身の成長とは「他人ごと」ではなく「自分ごと」です。これを為せるのは自分だけです。ですからその意味で自己実現者は環境依存型ではなく、自律的な独立自足型です。自己実現者の超越的イメージは、この自律性や独立性に起因するのでしょう。

●ヨナ・コンプレックスに注意せよ

退行と成長という選択があった時、人は成長を選ぶ、というのがマズローの考えです。なぜなら人は成長を選んだ結果、生物学的により良い状態、すなわちより健康になるからです。したがって、自らの成長を促すために、より多く達成した人、より高次に成長した人は、私たちが目指すべき存在として最善の見本になるでしょう。

ところが私たちは、最悪のものに対するのと同じように、最上のものに対しても恐れを持っているようです。最上の存在になるなど「私には不可能」だと考えるからです。これは、自己の偉大さを恐れる心、運命からの逃避、自己の最善の能力からの逃避することとも言えます。

マズローは、私たちが持つこのような傾向を「ヨナ・コンプレックス」と呼びました。旧約聖書に登場するユダヤの預言者ヨナは、神からある使命を与えられます。しかし最初ヨナは、この命令を拒否して自分の宿命から逃げますが、最終的にはその使命に従事せざるを得なくなります。

マズローは言います。私たちのほとんどは、現実の私たちよりも立派になることが可能である。いまだ使っていない潜在能力、完全に発展を遂げていない潜在能力がある、と。にもかかわらず、私たちは素質的に持っている使命、つまり本来伸ばすべき潜在能力を伸ばさずにいます。そうです。ちょうどヨナが自分の宿命から逃避しようとしたように――。

マズローは心理学の教室で学生に対して、「この中で将来心理学者になりたい者は？」という質問をよくしました。するとほとんどの生徒が手を挙げます。さらにマズローは問います。「ならば、第２のフロイトといった偉大な心理学者を目指す者は？」。すると今度は誰もがニヤニヤ顔になって挙手しません。これに対してマズローは、「キミたちがならずして、他の誰がなるのだろう」と述べて、よく次のように語ったといいます。

もしあなたが故意に、自分の能力以下のものになろうとしているのなら、私はあなたに警告する。生涯、底知れぬ不幸を背負うことになる、と。あなたは、自分自身の能力と可能性とをつぶしてしまうことになるだろう。

エドワード・ホフマン『真実の人間』よりマズローの言葉

私たちの多くがヨナ・コンプレックスに陥っているのではないでしょうか。昨日より今日、今日よりも明日の成長を目指すことは、誰にでも出来ることに違いありません。自己実現者はこれを実践しています。つまりヨナ・コンプレックスから解放されているのも、自己実現者の大きな特徴と言えるわけです。

●自己実現のための方法論

続けてマズローは言います。自己実現は、実際にはほとんど起こらず、大人の人口の1％にも満たないのではないか、と。その原因としていま見たヨナ・コンプレックスの存在が挙げられます。また、「習慣や衝動に対する誤った文化的態度、心的創傷の体験、間違った教育など」（『完全なる人間』）がもともと微弱な成長本能の力を抑え込みます。さらに、子ども時代に満たされなかった低次欲求の満足を依然として求め続ける人が多いのもその原因のようです。昨今、大人でも幼稚な行動をとるのは、このことが原因かもしれません。

成長と逆のベクトルは退行です。人間にはそれぞれ自己の内に成長と退行の2組の力を持っている、とマズローは考えました。成長が自己の全体性や独自性を目指すとしたら、退行は恐れからの逃れや安全にしがみつく態度、他者に頼り、独立や自由、分離を恐れることだと言えます。

私たちの内側では、この成長と退行の2組の力が綱引きをしていることになります。そのため私たちが自己実現を目指そうとするならば、次の対策が不可欠となります（図4参照）。

①成長方向のヴェクターを高める。成長を魅力あふれる喜ばしいものとする。
②成長の恐れを最小限にする。

図4　成長と退行のヴェクター

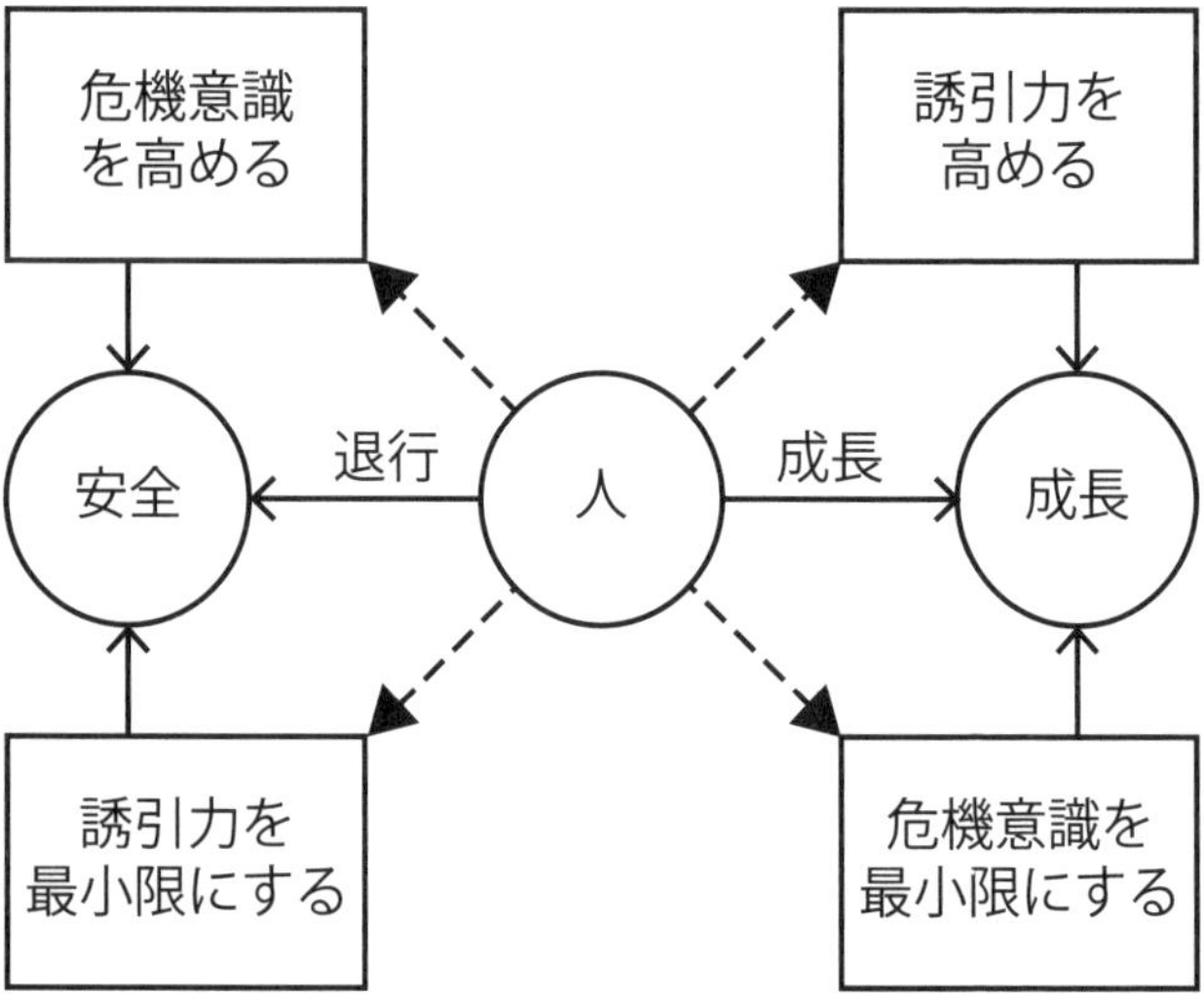

出典：アブラハム・マズロー　『完全なる人間』を基に作成

③安全方向のヴェクターを最小限にする。安全への誘引力を小さくする。
④安全、防衛、病気、退行のおそれを最大限にする。（筆者注：故意にリスク意識を高めて成長への原動力にするという意味）

アブラハム・マズロー『完全なる人間』

現代の日本社会をこの4つの視点で考えてみましょう。右肩上がりの経済成長が望めない中で高齢化が進む現在、将来の生活に対する不安が募り、安全への希求が高まっています。これは右で見た4つの視点で言うと、③や④とはまったく逆の方向に向かっている状況と言えるでしょう。安全への誘引力は大きく危機意識は低くなっています。

つまり、成長よりも退行のベクトルに向かう力がかなり強く働いている、いわば「退行型の社会」が現在の日本のように見えます。これは自己実現を目指す私たちにとって強烈な重石として働くように思います。しかしそれでも、私たちは退行よりも成長を選びたい。なぜならそれが人にとって健康的だからです。

また、マズローは、著作『人間性の最高価値』で、右の4つの視点以外にも、自己実現のための手法を8つ掲げています。ここに全部を挙げる余裕はありませんが、その中でも次の2つは、自己実現を目指す私たちが日々取り組むべきことだと思います。

１つは、人生を選択の過程ととらえる態度です。選択には進歩の選択と退行の選択があります。そのつどで進歩の選択を選び取るようにすることで、長期的にはその選択の積み重ねが自己実現へと向かわせることになるでしょう。

それから、実現させるべき自己は存在すると確信する態度です。これは言い換えると、自分に対する信頼度を高めること、あるいはヨナ・コンプレックスを捨て去ることです。マズローは自己信頼度を高めるための方法の一例としてワインのテイスティングを挙げています。ラベルを見ずにワインを飲んでみましょう。飲んだら沈黙します。そして内なる自分にこれは旨いかを問いかけます。いわば自己の内部の「最高裁」に判断を委ねる態度です。あらゆる選択でこの態度を貫くことで自分に対する自信を高めることができるに違いありません。これも自己実現へと自分を押し上げるための、簡単でいつでも実行可能な方法です。

●再びリーダーシップと自己実現

本章もこの節が最終となります。最後に本章の冒頭で掲げた問いに答えなければなりません。ウォレン・ベニスが述べたリーダーシップの定義についてです。ベニスはリーダーシップを、人格と「自分自身であること」にかかっていると述べました。さて、その意図は――？

本章で見てきたように自己実現とは最善の自己になるという意味です。最善の自己になるとは、自分自身が持つ潜在的能力を十分に開花させることです。これがベニスの言う「自分自身であること」にほかなりません。

自分自身が持つ潜在的能力を十分に発揮するということは、自分が習得したスキルや能力、エネルギーをすべて使って自己表現することです。そのような人は自分の長所や短所をよく理解し、能力を発揮するには長所を活かすことが必要だと心得ています。何をしたいかもわかっています。それを他人に伝えて協力を求めることもできます。その目標に向かって集団をまとめ上げて共同で事にあたることもいといません。

こうして、「自分自身であること」による自分に対する自信が、結果的にリーダーシップを生み出します。だからこそベニスは、「自分自身であること」がリーダーシップの条件だと指摘したのです。もちろんそこに人格が備わってなければならないことは言うまでもありません。

いまもふれたように人には長所と短所があります。実際、マズローが接見した自己実現者もちょっとした欠点をたくさん持っていました。そういう意味で完全な人間など存在しません。しかし完全な人間を目指すことはできます。目指すか目指さないかは私たち次第です。そもそもB価値の1つである「完全」も、汲めども尽きぬ性格を有するのです。本章の最後にマズローが自己実現に至るための方法を一言で述べた言葉を引用しましょう。

「働きぬくこと」が、ここでもまた私の考える解答であろう。私の知る限り、これが、われわれの最高の力を認める最善の道であり、また、いかほど、偉大さ、善なるもの、英知、才能の要因を隠したり、回避したりしてきたとしても、これを受け容れる最高の道である。

アブラハム・マズロー『人間性の最高価値』

B価値を追求する手段としての仕事を通じて働き抜くこと——。どうやらここに、リーダーシップの、そして自己実現の答えがあるように思います。

第4章　至高経験と自己超越

●至高経験とは何か

前章ではマズローが明らかにした自己実現者が持つ15の特徴を掲げました。その中に、「⑧神秘的経験 - 至高経験」という項目がありました。これは心理学者ウィリアム・ジェームズの言う神秘的経験を自己実現者の多くが体験しているというものでした。

哲学者でもあったウィリアム・ジェームズは、19世紀から20世紀初頭に活躍し、中でも「プラグマティズム」の創始者の1人として有名です。プラグマティズムとは、思想の意味をはっきりさせるため、その方法として、ある思想が真だとしたらどのような実際的な結果が生じるのかを問います。したがってプラグマティズムは思想を明確にするための方法論だと言えます。

ジェームズは宗教的経験（神秘的経験）にもこのプラグマティズムの態度で挑み、これらの体験が人の精神と行為に変化をもたらすものであることを著作『宗教的経験の諸相』において明らかにしました。一方でマズローは、ジェームズが同著作で列挙するような神秘的経験を、自己実現者が体験するケースが多いことを発見し、これを自己実現者の特徴として掲げたわけです。

また、こうした神秘的経験は宗教的な活動だけに見られるのではありません。偉大な交響楽や悲劇にふれること、あるいは映画や探偵小説に凝ることによっても、さらには自分の仕事に没頭することでもこうした経験を体験できる、とマズローは言います。そこでマズローはこれらの経験を、非科学的な印象が強い神秘的という言葉を使わずに、「至高経験（Peak Experience）」と呼ぶようになります。

至高経験という語は、人間の最良の状態、人生の最も幸福な瞬間、恍惚、歓喜、至福や最高のよろこびの経験を総括したものである。このような経験は、創造的恍惚感、成熟した愛の瞬間、完全な性経験、親の愛情、自然な出産の経験などというような、深い美的経験からでたものであることがわかった。

アブラハム・マズロー『人間性の最高価値』

右記以外にもマズローは、神秘的・大洋的・自然的経験、美的認知、治療的あるいは知的洞察、特定の身体運動の成就でも至高経験を体験できると指摘しています。こうしたマズローの主張から、至高経験とはどちらかというと「宗教的経験、神秘的経験あるいは超越的経験を世俗化したもの」（『創造的人間』）だということがわかると思います。

ちなみにマズローが最初に至高経験という言葉を用いたのは１９５９年のことです。以後、マズローは、宗教的・哲学的色彩をますます強めていきますが、この点はマズローの思索遍歴の第４期（１９６０年代）を象徴する特徴です。ただしマズロー自身は大の宗教嫌いで、ユダヤ教からも距離を置いていました。したがって、至高経験はマズローの宗教的関心から生じたテーマではありません。

●マズローの至高経験に関する研究

至高経験に興味を持ったマズローは、その本質を解明するための研究を始めます。マズローは80名の人々に対する個人面接や大学生に対するアンケートを用いて至高経験について調査しました。次に示すのはその際のアンケートに書かれた質問です。

あなたの生涯のうちで、最も素晴らしい経験について考えてほしいのです。おそらく、恋愛にひたっている間や、音楽を聴いていて、あるいは書物や絵画によって突然『感動』を受けたり、偉大な創造の場合に経験する最も幸福であった瞬間、恍惚感の瞬間、有頂天の瞬間について考えてほしいのです。はじめこれらを挙げて下さい。それから、このような激しい瞬間に、あなたはどう感ずるか、ほかのときにあなたが感ずるのとは違っているか、あなたはそのとき、なにか違った人になるかどうかを話して下さい。

アブラハム・マズロー『完全なる人間』

以上の調査から、「至高経験の最も簡潔な説明として、注意を完全に保持するに足るような興味深い事柄に魅惑せられ、熱中し夢中になること」（『人間性の最高価値』）と指摘した上で、至高経験で得られる特徴的な体験を、得意とする現象学的手法で列挙します。

ただしマズローが至高経験について列挙する内容や数は時代によって変化します。『完全なる人間』においては19項目、『創造的人間』では25項目、『人間性の最高価値』では18項目に絞り込まれました。ここではマズローの死後に出版された『人間性の最高価値』からその特徴を列挙します。

①過去の断念
②未来の断念
③無邪気（筆者注：子どものような感受性。しかし子どもに戻るのではなく、成長することで第

二の純真さを手にすることを指します。そのため「第二の無邪気」とも言えます）
④意識の狭小化
⑤自我の喪失、忘我、自意識の喪失
⑥〈自己〉意識の禁止力
⑦恐れの消失
⑧防衛や禁止の解除
⑨力と勇気
⑩受容性・積極的態度
⑪信頼対試行、統制、努力
⑫道教的受け身
⑬〈分裂に対して〉Ｂ認識者の統合
⑭一次的過程の探究に対する承認
⑮抽象化より美的鑑賞
⑯完全なる自発性
⑰〈独自なるもの〉完全な表現性
⑱人格と外界の融合

またマズローは、至高経験前後に世界がどのように見えるかについての解答も得ています。得られた解答を要約すると、「真、美、全体性、二分法超越、生々躍動する過程、独自性、完全、必然、完成、正義、秩序、単純、富裕、安易、たわむれ、自足」（『人間性の最高価値』）の言葉に還元できる、とマズローは記しています。

マズローが列挙するこれらの言葉を見て何か感じませんか？　そうです、これは前章でふれた、人間にとっての究極的かつ本質的な価値であり、もうそれ以上は分析できないものとして存在するB価値（存在価値）にほかなりません。つまりマズローの研究に従うと、至高経験により私たちは世界が持つ究極的な価値を経験的に知ることができることになります。

ちなみにB価値は自己実現者が追求する課題であり、自己実現者はB価値を究めようとします。至高経験ではそのB価値を体験できるわけですから、人は至高経験において一時的に自己実現者になると言えます。また、欲求階層論では高次な欲求を充足する人の方が心理的に健康だと言えました。ですから、至高経験はその人が心理的に最も健康な瞬間とも言えるわけです。

●至高経験と当為の認知

ところでマズローは至高経験を「より深い事実の認知であるばかりか、同時に対象の当為の認知でもある」と述べています。その上でマズローは次のように続けます。

すなわち、当為は深くとらえられた事実の本質的側面である。それは、それ自体とらえられるべき本質でもある。

アブラハム・マズロー『人間性の最高価値』

マズローは一体何を言っているのかさっぱりわからない――。右の一文からこのような疑問符が頭に浮かぶ人ほど、マズローの言葉をきちんと読み込んでいるのだと思います。

マズローの言葉にある「当為」は、それほど難しくない漢字を用いています。しかし日常ではほとんど用いることのない哲学用語です。この言葉の意味を理解しない限り、マズローが記した右の一文を理解するのは困難です。

当為は「ゾルレン」と記すこともしばしばで、まさになすべきこと、かくあるべきことであり、「存在」や「必然」に対して「目標となるべき理想の状態」を指します。この点を念頭に再度マズローの言葉を吟味してみましょう。

マズローは至高経験が「対象の当為の認知」だと言います。これは言い換えるならば、「対象がかくあるべきこと」を認識して理解することです。そして「対象がかくあるべきこと」とは、曇った眼だと見えない「事実の本質的側面」であり、これが本来「とらえられるべき本質」だとマズローは言うわけです。つまり至高経験は私たちにものごとの本質を見抜く能力を与えてくれるわけです。

この点に関して私のささいな経験を記しておきましょう。実はある時、たまたま撮影した雑草の花を拡大したところあまりにも美しいことに驚きました。これを契機にして私は雑草を写真に収めるようになりました。

たとえば、ヒメツルソバという路地や広場などで普通に見られる雑草があります。ヒメツルソバの花は小指の第一関節ほどの大きさをした金平糖のような形をしています。ところがこの花を撮影した写真を拡大して見ると、金平糖状の突起部分が全て花で、色もそれぞれが白やピンクと均一でないことがわかります。しかもそれらがびっしり肩を寄せ合った状態で、あるものは咲き、あるものはまだつぼみであることもわかります。

これらを肉眼で確認するのは困難です。その幾何学的な形状は美しいばかりか、普段は見向きもされない雑草がそうした美を持っている事実に驚きを隠せません。そこに小宇宙を垣間見ると言っても言い過ぎではないと思います（図5参照）。

「民衆的工芸」、略して「民芸」という言葉を生んだ美学者柳宗悦《やなぎむねよし》は、一般民衆が使用する雑具が持つ美を積極的に発見しようとしました。柳はこれを「雑器《ざっき》の美」と呼んだものです。私は柳にあやかって、身近な雑草が持つ美のことを「雑草の美」と呼んでいます。

図５　ヒメツルソバの花

それはともかく、民具にせよ雑草にせよ、そこに美を発見するという行為は、「対象が持つ当為の認知」に少しでも近づこうとする行為ではないでしょうか。もちろん、私が「雑草の美」を発見することで至高経験を体験しているというつもりは毛頭ありません。しかしこうした経験が深まること、言い換えると当為に近づこうとする努力が、至高経験につながるように思えるのです。

●至高経験に至る方法

このように考えると、ではいかにすれば当為を経験できるのか、という点が自ずと問題になるでしょう。つまり至高経験に至るための方法論です。読者の皆さんもたぶん大いに興味を持っているであろうこの方法論について、以下、考えてみましょう。マズローはこう言ったものです。「至高経験を体験するための最も容易な二つの方法は（経験的報告に関する単純な統計によるものではあるが）、音楽と性行為であることを、報告しておきたい」（『人間性の最高価値』）、と。

しかしながら、音楽や性行為で必ず至高経験を体験できるわけでもないようです。大作『アウトサイダー』で衝撃的なデビューを果たしたイギリスの作家コリン・ウィルソンはマズローと親交を持った人物で、マズローを題材にした『至高体験』という著作を持ちます。このウィルソンが別の本で、至高経験に至る方法について、マズローに尋ねた時の話を書いています。

私はマズローにたずねた。
「意のままに至高体験に到達する方法を身につけることはできますか？」
マズローは首を振った。
「無理だね。あれはあちらさんの都合でやってきて、また去ってゆくのだ。私に言わせれば、それを引き起こす絶対確実な方法なんてものはない」

コリン・ウィルソン『超越意識の探求』（2007年、学習研究社）

ウィルソンの回顧に従うと、仮に音楽や性行為で至高経験を得られたとしても、それは「絶対確実な方法」ではなく、「あちらさんの都合でやってきて、また去ってゆく」ものだ、とマズローは言うわけです。

これに対して、その方法はあるのではないか、というのがウィルソンの立場です。ウィルソンはこの手法を「ポジティブ・フィードバック」と呼びました。どのような手法なのか説明しましょう。

小さな子どもは見れば見るほど興味が尽きません。彼らの一挙手一投足は喜びにあふれています。なぜ、あれだけ楽しそうなのか。たぶんそれは、もはや私たちが慣れてしまって驚きや感動を覚えない対象を、子どもは純粋に体験できるからでしょう。これは子どもならではの能力と言えると思います。これがあの喜びにあふれた行動につながるのでしょう。

ところが大人になるに従って、新鮮な体験は色あせます。どうやらこれは、私たちの身の回りで起こる現象を自動処理してくれる機能が、大人になるに従って発達するのが原因のようです。ウィルソンはこれを「ロボット」と呼びました。心理学者がスキーマやステレオタイプ、ヒューリスティクスと呼ぶものも、この自動処理機能の別の表現と言えます。マズローはこの自動処理機能により「単純化、節約および倹約へ向かっての積極的な動きである、統合的抽象的な理解」（『可能性の心理学』）が行動を支配すると述べました。

たとえば、信号が赤なら人は立ち止まるでしょうし、青になったら歩き出します。また、背後でクラクションが鳴れば身をよけながら振り返るでしょう。このように何らかの刺激に対する自動処理機能があると非常に便利です。というのも、その刺激に対していちいち次にとる行動を考えなくてもいいからです。これは思考活動を節約する上でとても助かります。

しかしながら、このロボットは余計なことまで自動処理化してしまいます。たとえば、夕焼けは赤いもの、青空は青いもの、海もこれまた青いものというように、眼前の対象を深く体験することなしに判断を自動処理します。これでは、夕焼けや青空、あるいは海を目の前にして、あの小さな子どもたちのように感動するのは無理です。

したがって、この自動処理機能を停止して、あたかも旅行者がかつて訪れたことのない街に足を踏み入れたように、あらゆる経験を新鮮なものとしてとらえることが必要になるようです。いわば「単純化、節約および倹約へ向かっての積極的な動きである、統合的抽象的な理解」に対抗する「経験的理解」の重視です。経験的理解とはマズローの言葉であり、一切の判断を捨て去って眼前の現象を純粋に経験する現象学的立場です。

●ポジティブ・フィードバックを実践する

もっともマズロー自身も、経験的理解よりも、統合的抽象的な理解に勝手に傾く自分自身に反省の弁を述べています。

昔、芸術家である私の妻が、私の科学者としての強迫的な分類的思考についていらいらするといったことがある。たとえば、私は気にいった鳥や花や木の名前を、いつでも一種の反射的会話でたずねたものである。それはまるで、賞讃したり楽しむことでは満足せず、それについて何か知的なことをしないではいられないというふうであった。

アブラハム・マズロー『可能性の心理学』

マズローはこうした安易な統合的抽象的な理解、つまり経験を棚上げして名称や付帯する抽象的情報を知っただけでものごとを理解したと判断する態度を「典礼墨守」と称しました。これは自分の経験よりも他人によって抽象化された知識を有り難がる態度とも言い換えられます。

典礼墨守の典型を知りたければ美術館に行くのが手っ取り早いでしょう。今日も著名な画家の展覧会に多くの鑑賞者が列をなしています。この鑑賞者の多くがとる行動に注目してください。その典型は、まず作品を見る前に解説パネルを読み、個々の絵画を見る前にその作品名やキャプションを確認するという行動です。まさにこれは、絵画を見る際に自分の経験を棚上げして、抽象的知識を優先する態度と言えます。

もちろん抽象的知識の量を蓄積するのも悪くはないでしょう。しかし経験と分離した知識をため込んでも至高経験に至るのは難しそうです。というのも、このような知識は経験を自動処理して理解するための材料にはなっても、経験そのものを深く体験する経験的理解には結びつかないからです。「モネは印象派の巨匠」「睡蓮はモネの最高傑作」という紋切り型の知識は、「夕焼けは赤い」「空は青い」という自動処理的判断と何ら変わりはありません。

したがって、典礼墨守を止めること、つまりコリン・ウィルソンの言うロボットの働きを止めて、徹底的に経験することが至高経験のための大前提だと考えてもよいように思います。そしてこの態度は、個人の経験世界はその人の独自な状況における本人の直接的な描写によってのみ理解されるとする実存主義哲学者の態度と鋭く共鳴します。

もっともコリン・ウィルソンの立場では、至高体験に近づくのにこのロボットの機能にあまり注意を払う必要はないとのことです。それよりもウィルソンは、私たちの頭のなかには「２人の人間」が住んでいることにまず目覚めよと言います。

人間の脳は右脳と左脳に分かれていて、右脳は直感的で感情的、左脳は論理的で批判的な機能を司ることは、すでに広く知られています。ウィルソンは右脳に住む自分自身を「主観的自己」、左脳に住む自分自身を「客観的自己」と位置づけます。その上で、至高経験に至るポイントは、主観的自己が楽観的な精神状態を体験することだと述べます。

たとえば小さい頃に体験したクリスマス・イブの朝を思い出してください。朝起きた途端、主観的自己が「今日はクリスマス・イブだ！」と幸福の閃きを感じます。するとこのエネルギーが客観的自己に伝わって、喜びはさらに大きくなります。すると主観的自己の感覚はさらに強化されて、さらに大きなエネルギーを客観的自己に送り込みます。これがウィルソンの言うポジティブ・フィードバックにほかなりません。

つまり右脳側にある主観的自己が、物事を楽観的に見られるような精神状態を故意に作ること、これが契機となってネガティブではなくポジティブなフィードバックを起こすこと。これが至高経験に至るコツであり、「これさえわかれば、われわれはすでに意のままにＰＥ（筆者注：至高経験のこと。ピーク・エクスペリエンス）を起こす術を半分達成したも同然なのだ」（『超越意識の探求』）と、ウィルソンは言います。

ウィルソンの言う「主観的自己」は自己の経験を重視します。一方で、「客観的自己」とは物事を分析的に見る典礼墨守の王国だと見ることもできるでしょう。仮にこれが正しいとすると、楽観的な態度で主観的自己の影響力を高めるということは、言い換えるとロボットの機能を抑制することであり、やはりこの点が重要になるのだと思います。

●フロー体験に至るための方法論

また、コリン・ウィルソンよりも、もっと具体的に至高経験に至る条件について論じている人物がいます。幸福の心理学やポジティブ心理学の第一人者であるミハイ・チクセントミハイです。チクセントミハイは「フロー体験」の研究で著名な心理学者です。

フロー体験とは人が時間も忘れてものごとに熱中する瞬間を指します。フロー体験では、集中度が高まり、時間や自我の感覚が失われ、また自分の行動を完全に制御している感覚が得られ、これは世界と一体になる感覚へと結びつく、とチクセントミハイは言います。ですから、チクセントミハイの言うフロー体験は、至高経験と同義（あるいはその一部）だと考えて問題はないでしょう。

チクセントミハイはフロー体験に至るための条件として次の3つを挙げています。まず、適切な反応を必要とするはっきりとした目標に向き合うことです。次に目標に向かう行為において自分がどれだけうまくできているか、フィードバックによって確認できることです。最後に自分のスキルがチャレンジしている内容にぎりぎり届くことです。簡単でも難しすぎてもいけません。

このように、①目標が明確で、②フィードバックが適切で、③チャレンジとスキルのバランスが取れている時、人はフロー体験を得る可能性が高まります。そしてこのフロー体験が人間の幸福に欠かせない、とチクセントミハイは言います。

人生にすばらしいことをもたらすのは、幸福というよりも、フローに完全に熱中することである。フローを体験している時、われわれは幸福ではない。なぜなら幸福を体験するためには、自分たちの内面の状態に集中しなければならず、それは注意力を仕事や手元から遠ざけることになるからである。（中略）ただ、仕事がやり遂げられた後にだけ、何が起きたのか振り返る余裕の時間があり、それからその体験のすばらしさへの感謝でいっぱいになるのである。つまり、回想の中でだけ、幸福になれるのである。

ミハイ・チクセントミハイ『フロー体験入門』（2010年、世界思想社）

チクセントミハイの主張で注目したいのは、フロー体験に至るには、まず「はっきりした目標」が必要になるという点です。フロー体験は人がこの目標に向かって活動している際に結果として得られる状況です。つまり「フロー体験＝至高経験」は、「フロー体験＝至高経験」そのものを目標にして得られるものではないということです。では、何を目標とすべきなのか――。

話が再びここに戻ってきたようです。自己実現者は本質的価値を課題すなわち目標として追求しました。一方、自己実現者は、すべてではないものの、その多くが至高経験を体験しています。つまり持つべき「はっきりした目標」とは本質的価値、つまり「Ｂｅｉｎｇ（存在）価値」略して「Ｂ価値」の追求だと考えてよいでしょう。

そして自己実現者はこの価値を追求するために仕事をします。「仕事は、これらの価値を具体的なものにするがために愛される。つまり、最終的に愛されるのは仕事そのものよりもむしろ、それらの価値なのである」（『人間性の最高価値』）という、前章で掲げたマズローの言葉を思い出してください（89ページ参照）。同時にマズローが、自己実現に至るための方法を一言でこう言い切ったことも思い出してください。

そうです。働き抜くこと――。

つまり至高経験を目指すということは、実は本末転倒でしかありません。目指すべきはＢ価値であり、そこに至る手段としての仕事に熱中し、働き抜くことです。

●インスタントな至高経験への批判

ところがこの本末転倒の事態が、マズローの生きた１９６０年代にすでに生じていました。特に60年代後半のアメリカでは、いわゆるスピリチュアリズムが人気となり、マズローはその理論的バックボーンとして高い支持を得ます。マズローの思想を背景にしたスピリチュアリズム運動の拠点にエサレン研究所がありました。

エサレン研究所は、インドの超能力者（と言われた）シュリ・オーロビンドのアシュラム（道場）で1年半過ごしたマイケル・マーフィーが、１９６２年にリチャード・プライスとともにカリフォルニアに創設しました。エサレン研究所ではサイコセラピーや瞑想、ボディ・ワークショップなどを通して、人間が潜在的に持つ可能性の開発を目指します。その後勃興するニューエイジ・ムーブメントの拠点としてエサレン研究所は広く知られるようになります。

１９６２年夏、マズローは西海岸にあるノンリニア・システムズ社（第6章参照）という企業を訪問し短期間滞在します。そしてその訪問後、自宅のある東海岸に戻る途中、マズローはカリフォルニアのビッグ・サー・ホット・スプリングスという場所で宿を探します。しかし宿は見当たらず、灯りのある家屋に車を止めて一夜の宿を求めます。偶然にもそこは、のちにエサレン研究所と呼ばれる施設だったのです。

もちろん研究所のメンバーは、理論的支柱でもある偶然の珍客マズローを大歓待しました。そこにいるメンバーは全員、マズローの著作『完全なる人間』を所有しているということでした。マズローが感激したのは想像に難くありません。こうしてマズローはエサレン研究所と関わりを持つようになり、特に創設者マイケル・マーフィーと親交を深めます。これが縁でマズローは研究所でのセミナーにも参加し、またたびたび講師を務めました。

しかしながら、やがてマズローはエサレン研究所と距離を置くようになります。ニューエイジ・ムーブメントが高まるにつれて、エサレン研究所での活動とマズローの理念に溝が深まったのがその理由のようです。最大の溝とは、経験主義の上に抽象的な理論化を構築しようとするマズローに対して、エサレン研究所のメンバーは経験のみを重視する傾向が強かったからです。生前は未発表で、死後にエドワード・ホフマンによって公表された論文で、マズローはエサレン研究所をこう批判しています。

エサレンの研究員は、人格の成長を、「ビッグ・バン」のような途方もない内的飛躍と見る傾向にある。しかし、むしろ真の成長は、生涯にわたって続く仕事なのである。

アブラハム・マズロー「自発性を越えて　エサレン研究所批判」

エドワード・ホフマン『マスローの人間論』より

安易な人格成長、即席の至高経験、特に後者は現在でもポップ・オカルティズムに引き継がれているように思います。すでに述べたように至高経験は目標ではなく結果に付随するものです。至高経験を目標にすると本末転倒になります。また人格成長とはあるべき自分になること、つまり自己実現と同義です。これは安易に達成できるものではありません。マズローは次のような言葉も残しています。

私は席上苛立ちを爆発させ、救済を求める人間を尊重する気にはなれない旨を表明した。それというのも、救済を求める人間は利己的で、他人や社会に対して何の貢献もなしえないからだ。さらに、こういう人間は心理学的な意味において愚者であり、過ちを犯している。自分だけが救われる道を求めるなど、自己救済の方法としてはとにかく邪道もいいところだ。

アブラハム・マズロー『完全なる経営』

ここでマズローが言う「救済を求める人間」とは、「ビッグ・バン」のような人格成長を求める人のことです。また同じ文脈でマズローは、世界の宗教が行動を犠牲にして内的瞑想にふけることにも否定的でした。そのような活動はマズローにとって、自分自身のためだけの救済に映ったからです。

では、何が救済をもたらすのか。ここでもマズローは、まじめに働くこと、自分に運命づけられた「天職」を何としてもやりとげようとすること、それが救済につながるのだ、と言い切ります。救済とは自己実現をもたらす仕事や義務の副産物、同じく幸福も善き行いに対して間接的に与えられる副産物だという主張です。

実際のところ、即席に至高経験を体験したいのならば、薬物に頼るのが手っ取り早いでしょう。マズローは至高経験と幻覚剤の関係に興味を持ち、催幻覚剤《サイケデリック》が精神に及ぼす影響を研究したハーバード大学の心理学者ティモシー・リアリーと親交を深めています。マズローは、リアリーをブランダイス大学の討論会に招いたり、また、娘のエレンはマズローからリアリーの評判を聞いて、その助手として働いたりしています。

マズローは至高経験が治療上価値のあるものと考えていました（自己実現者が心理的に健康であるという点を思い出してください）。そのため、適当な指導の下、催幻覚剤を用いて至高経験を体験することで、自殺の防止やアルコール中毒、薬物中毒、暴力といった自己破壊的な傾向を防げるだろう、とマズローは著作『創造的人間』の中で示唆しています。

しかし、マズローが薬物使用に全面的に賛成だったわけではありません。中でも至高経験を目的とした薬物の使用には、断固として反対の立場をとりました。それはあまりにも安易で、「至高経験を体験するには苦労しなければならない」（『真実の人間』）、というマズローの信条に反していたからです。

●欲求の第6の階層

マズローがニューエイジ・ムーブメントに関与し、また、催幻覚剤に興味を持ち、しかもその一定の効果を認めた事実は、アカデミックな人が書くマズロー伝やマズロー論（たとえばフランク・ゴーブル著『マズローの心理学』、上田吉一著『人間の完成』）では慎重に回避されているようです。これはマズローの人間性心理学が、アカデミックから支持されていないニューエイジや応用神秘主義（ティモシー・リアリーが提唱）と混同されてはかなわない、との配慮からでしょう。

また、ニューエイジや応用神秘主義との関係ほどではないにせよ、マズローが唱えた「自己超越」についても、アカデミズムではあまり話題にされていないように見受けられます。おそらくこれも「科学」からかけ離れる印象が強いからではないでしょうか。しかしマズロー心理学にとって自己超越は極めて重要な概念であり、この主張を素通りすることはできません。

マズローは欲求階層論で自己実現の欲求を最上階層に位置づけました。一方、晩年のマズローは自己実現した人間には2種類ある、と考えるようになります。

私は最近、自己実現する人びとを二種類（いや等級といった方がよいかもしれないが）に区分した方がはるかに好都合であると考えるようになった。すなわち、一つは、明らかに健康であるが、超越経験をほとんどあるいはまったくもたない人びとと、他は、超越経験が大へん重要であり、その中心にさえなっている人びとである。

アブラハム・マズロー『人間性の最高価値』

マズローの文章にある「超越経験」とは「至高経験」と考えてよいでしょう。そしてマズローは便宜上、自己実現はしているものの至高経験がほとんどない自己実現者を「超越的でない自己実現者」、至高経験を持つ自己実現者を「超越的な自己実現者」と分類しています。そして重要なのは、この2種類の人々を単純に分類できるだけではなく、「等級」に分けられるとマズローが指摘している点です。

このマズローの考え方に従うと、自己実現者は低次の「超越的でない自己実現者」と、より高次の「超越的な自己実現者」という、2階層をなすことになります。さらにこの考え方をマズローの欲求階層論に適用すると、5階層目の自己実現の欲求は、「超越的でない自己実現の欲求」と「超越的な自己実現の欲求」に階層化できることになるでしょう。つまり俗に言う「マズローの5段階欲求」は「マズローの6段階欲求」と表現するほうがより正確だということになります。

マズローは、超越的な自己実現者と超越的でない自己実現者を分ける最大の特徴は至高経験、あるいはＢ価値の認識が持続して続く高原認識（この語もマズローが晩年に利用するようになったものです）の有無と述べています。これ以外にもマズローはいくつかの特徴を挙げています。

まず、至高経験や高原経験が人生の最も貴重な一面になっていること、また無意識のうちにＢ価値の話題がのぼること、世俗的なものの中に神聖さを認めること、Ｂ価値が行動の主要な動機になっていること、非言語手段での意思疎通が可能なこと、美に対して敏感に反応すること、人類は１つ、宇宙は１つと感じる傾向が強いこと、シナジーへの自然な傾向が強いこと――などなど、ここでもマズローは超越的な自己実現者の特徴を現象学的手法で記述します。

それはともかく、ここで注目したいのは、超越的な自己実現者の特徴だとマズローが指摘する「シナジーへの自然な傾向が強いこと」です。実はここに超越的な自己実現者の正体を特定する重要な鍵が隠されています。

そこで次章では、マズローが晩年に興味を持ったマネジメントの観点からシナジーについて斬り込むとともに、それをとおして、マズローが理想とした超越的な自己実現者の正体を明らかにしたいと思います。

第5章　ユーサイキアン・マネジメント

●ユーサイキアン・マネジメントに至る経緯

１９６２年、マズローが西海岸にあるノンリニア・システムズ社という企業を訪れて短期滞在したことを前章で少しだけふれました。この旅から東海岸に戻る途中でマズローはエサレン研究所のメンバーと偶然出会うのでしたが、本章で取り上げたいのはエサレン研究所ではなく、ノンリニア・システムズ社のほうです。実はこの企業への訪問でマズローは重要な経験をするばかりか、その経験が「ユーサイキア（eupsychia）」という新たな学説を生み出す端緒となります。さらにこのユーサイキアの考え方はシナジーと密接にかかわっており、引いては超越的な自己実現者とも抜き差しならぬ関係にあります。もちろんこれらを一度に解説することはできませんから、本章ではこれらについて順序よく説明していきたいと思います。

そもそもマズローがノンリニア・システムズ社を訪れたのは、同社の社長アンドリュー・ケイ（アンディー・ケイとも呼ぶ）の招待に応えるもので、同年6月から夏の盛りまで、カリフォルニア州デルマー市にある同社の工場に、客員研究員のような形で滞在しました。ケイはロシア移民の2世で、マサチューセッツ工科大学（ＭＩＴ）卒業後エンジニアとして働き、１９５２年にデジタル電圧計を開発し、やがてノンリニア・システムズ社を設立して量産に乗り出します。デジタル電圧計は最初軍需用途として、その後は民間用途として大きな成功を収めました。ケイがマズローを招いたのはそのような時期です。

ちなみにケイは１９８２年にケイプロ・コンピュータ社を創設して、中央演算処理装置（ＣＰＵ）とモニター、さらにプリンターやキーボードを一体化したパーソナル・コンピュータを世に出しました。この製品も大ヒットして80年代半ばに同社は1億２０００万ドルの売り上げを誇る企業に成長します。しかしマイクロソフト社のオペレーティング・システムがパーソナル・コンピュータ市場を制圧したため、ケイプロは１９８４年に倒産します。しかしその後もケイは起業家として活躍し、２００５年に95年の生涯を閉じました。

ケイが一般的な経営者と一線を画していたのは、所有する企業に進歩的な経営管理手法を積極的に導入した点です。ケイが教科書にしたのは経営学者ピーター・ドラッカーやダグラス・マグレガーの著作、それにマズローの『人間性の心理学』でした。ケイはこれらの著作にあるアイデアを自分の工場で実際に採用するようになります。これが１９５８年頃からのことです。

１９６２年、ケイはヨーロッパに向かう途中にボストンを訪れマズローと面会します。そしてカリフォルニアにある自社へマズローを招聘することになります。自社での経営管理手法をマズローに実見してもらい、忌憚のない意見を聞くことで、管理手法のさらなる改善に努めようというのが狙いだったようです。

当時のケイにとって懸案事項は、工場の肝とも言える組み立てラインでした。流れ作業による組み立てラインでは、担当する作業パートによって従業員の満足度に大きな差がありました。ラインの最後を担当する従業員は完成品を目に出来ますから、作業に対する高い満足度を持っていました。しかしラインの最初を担当する従業員は例外なく不満を持っていました。そこでケイは、どの従業員もラインの最後にいるような満足度が得られるよう、ラインの改善に取り組みます。

ケイが採用したのは、全従業員が作業のあらゆる工程を習得するというものでした。これにより、全従業員がどのような作業にも対応できるようになるとともに、ラインの初めで作業する従業員でも、全体の中で自分が果たす役割が理解できるため、満足度の低下を抑えることができました。ちなみに現在、同様の考え方に基づいた工程管理にセル生産システムがあります。

マズローがノンリニア・システムズ社の工場で見たのは、活き活きと働く従業員の姿でした。この姿はマズローにとって極めて印象的だったようです。また、マズローはこの機会に、ノンリニア・

システムズ社が教材にしていたピーター・ドラッカーやダグラス・マグレガーらの著作を精力的に読み込みます。それまでマズローは経営学とは無縁の生活だったからです。

ノンリニア・システムズ社での強烈な体験は、マズローに新たな着想を呼び起こしました。それが「ユーサイキア」という考え方です。そして、同社での体験を率直に記した手記をもとに、書籍として出版されたのが著作『ユーサイキアン・マネジメント』（１９６５年）です。

●ユーサイキアとは何か

では、マズローの言うユーサイキアとは何なのか。また、ユーサイキアを動かす原動力とは何なのか。まずは、前者について説明しましょう。以下に記すのは、マズローの各著作におけるユーサイキアの定義です。

すべての人が心理学的に健康であるような心理学的なユートピアの状態、これをユーサイキアと呼ぶ。

アブラハム・マズロー『人間性の心理学』

成員の基本的欲求が満たされ、自己実現が達成されるような理想社会のこと。

アブラハム・マズロー『完全なる人間』

千人の自己実現者が外部からいっさい干渉を受けない島に暮らした場合に生まれる文化と定義した。

アブラハム・マズロー『完全なる経営』

心理学的に健康で、成熟した、あるいは、自己実現する人びととその家族のみから構成されているのである。

アブラハム・マズロー『人間性の最高価値』

要するに、世の中が自己実現者ばかりで、その際に実現するであろう理想の文化や社会、それがユーサイキアだと理解できます。ユーサイキアはマズローの造語で、日本語訳は非常に困難です。「優心社会（上田吉一）」や「よい心の状態（金井壽宏）」などと訳されることもありますが、決定版はないようです。以下、訳語は用いずにユーサイキアと表記しますが、基本的な意味についてだけ念頭に置いておけば、訳語を用いるか否かはあまり問題にはならないでしょう。

マズローの人間性心理学は健康な人間、卓越した人間を研究対象にすることを出発点にしました。

彼らを手本にすることで、より低次で甘んじている人々を、より高い人間的成長の実現へと促せるだろう。マズローはこのように考えたわけです。

実は同様の考えを、マズローは社会にも適用できるのではないかと考え始めます。たとえば、健全で自己実現した千戸の家族が、ある土地に移住して、自ら自分たちの好きな運命を開拓できるとしたら、いったいどのような文化や社会が発達するでしょうか。教育は、経済体制は、性差は、宗教は？

実際にマズローはこうした問いを『人間性の心理学』で投げかけています。その上で、この集団は「無政府主義的で道教的な集団ではあるが、愛情深い文化になるであろうこと、そしてそこでは人々（若い人々も）は、我々の経験したよりもより多くの選択の自由をもち、また基本的欲求やメタ欲求は、我々の社会におけるよりもより尊重されるであろう」（『人間性の心理学』）などと仮説をふくらませています。

もちろんマズローの仮説は推測の域を出ません。しかしこの仮説の設定は決して無駄な作業ではありません。というのも、健康な社会、優れた社会を想定して研究対象にすることで、低次で甘んじている現代の社会に、より高い質的成長を促せるからです。つまり人間性心理学に対して、「人間性社会心理学」と表現してもよい領域を、マズローは構想するに至ります。そして「社会はどれほどいい人間性をもたらしうるのか、社会の本性はどれほどいい社会を実現しうるのか」（『完全なる経営』）という点に、マズローがユーサイキアに込めた問題意識があるわけです。

●シナジーの提唱者ルース・ベネディクト

マズローはこのユーサイキアのまさに根本と言っても間違いではない原理にシナジーをすえました。ユーサイキアとシナジーの密接な関係について語るには、シナジーの考え方を初めて明らかにしたルース・ベネディクトにふれた上で、彼女がシナジーをいかに定義したかを先に見ておくべきでしょう。

マズローが敬愛し、自己実現研究の端緒ともなったルース・ベネディクトの経歴については第4章でも簡単にふれました。ただしベネディクトは著作『菊と刀』で日本との関係もことのほか深いので、ここではそのプロフィールについてもう少し詳しくふれておきたいと思います。

ベネディクトは1887年6月5日に、ニューヨーク州北部の農村に生まれました。本名はルース・フルトンで生後間もなく父親を失ったため、母方の祖父母の家で成長しました。幼少時より耳が遠いというハンディキャップを持っており、これは成人しても治ることはありませんでした。詩作に秀でており、若くしてアン・シングルトンのペンネームで多数の作品を発表するという、少々変わった才能も有していました。

１９１４年にのちに医者となるスタンレー・ベネディクトと結婚するものの、子どもができなかったこともあり、やがて人類学に目覚めるようになります。１９２１年、34歳になったベネディクトはコロンビア大学のフランツ・ボアスのもとで人類学を学び、同大学の講師や助教授を経てやがて１９３７年に准教授に就きます（正教授になるのは死去する48年のことです）。その間、北米各地のインディアンを実地調査し、現代にも読み継がれる名著『文化の型』を出版します。

一方、世界の各地で戦争が勃発する中、アメリカでは人類学者や心理学者を動員して、敵対国をはじめとした他国の文化に関する基本データを収集して分析するプロジェクトがスタートしました。１９４１年になるとベネディクトも同様のプロジェクトに関わるようになり、１９４３年には日本文化の調査を目的にワシントンの情報局で働きます。

ベネディクトはかつて日本に住んでいた宣教師などからのインタビュー、豊富な文献、映画、さらには戦場で入手した日本人の日記など膨大な資料から、人類学的手法を駆使して、日本人と日本文化の特性を明らかにしていきます。注目すべきは日本の土を一切踏まずに日本を研究している点でしょう。もちろん戦時中ですから、敵国に足を運ぶことなどできません。

終戦後、ベネディクトは、戦時中に収集した豊富な資料や培った知識をもとに日本についての本を書くことを決意します。これが１９４６年に著作『菊と刀』として結実します。日本語訳は48年に出版され、以来、日本人の精神性を解き明かした作品として現代にも読み継がれています。

この著作でベネディクトは、西洋の文化を「罪の文化」、対する日本の文化を「恥の文化」と規定しました。西洋人が内面にある罪の意識が行動の基準になっているのに対して、日本人は自分の周囲に対する恥の意識が行動の基準になっていることから、2つの文化をこのような表現で対照したわけです。

日本でベネディクトといえば、著作『菊と刀』、さらに「罪の文化」と「恥の文化」の提唱者としてあまりにも有名です。そのベネディクトが、いまや経営論や社会論で頻出する「シナジー」という言葉を最初に提起した人物だということは少し驚きかもしれません。

●シナジーとユーサイキアの密接な関係

シナジーとは「相乗効果」と訳されるのが一般的です。近年は経営論で用いることが多く、たとえば広辞苑を見ても「経営戦略で、事業や経営資源を適切に結合することによって生れる相乗効果のこと」と説明しています。確かに一般に用いられているシナジーの定義はこれでも間違いではないのでしょう。しかし、マズローがユーサイキアの根本に位置づけたシナジーについて知る場合、そもそもベネディクトが定義したシナジーの意味について理解する必要があります。

ベネディクトがシナジーという考え方を初めて表明したのは、1941年の春にあった米ブリンマー大学アンナ・ショー記念講義でのことです。しかしベネディクトはこの講義の内容を論文や本にして出版することはありませんでした。しかもベネディクトの死後、講義で用いた原稿はなくなります。そのため、ベネディクトがシナジーという概念を考え出し開発しながらも、その事実が世間一般には広まりませんでした。

ただし、ベネディクトはこの講義原稿のコピーをマズローに手渡していました。後年マズローは、手元にある原稿が唯一のコピーだと知ってギョッとした、と書いています。そして約30年を経てマズローは、著作『人間性の最高価値』に収録した論文「社会および個人におけるシナジー」において、ベネディクトの原稿のコピーからシナジーの概念を明らかにしています。

そもそもシナジーは、原始的文化の健康度を示す言葉です。シナジーが高いほどその文化は健康的で、シナジーが低いほど不健康な文化と定義されます。ベネディクトは前者をハイ・シナジー文化、後者をロー・シナジー文化と呼びました。その高低を測定する尺度は次のとおりです。

> 目立って非攻撃的な社会では、その一員の同じ時の同じ行動が、その人の利益だけでなくその集団全体にも役立つような社会機構を備えているということである。（このような社会において）非攻撃的であるということは、その中に住む人びとが非利己的で、個人的な欲望よりも、社会に対する義務観念が優先するからではなく、社会機構が、この二つの事柄を合致させるからである。

（中略）ロー・シナジー文化での社会機構は、その利害が相互に相反し、衝突するような行為をもたらし、ハイ・シナジー文化では、相互の利益がさらに増すような行為をもたらす社会機構になっているのである。（中略）低い社会シナジーのある所では、一個人の利益は、他人を打ちのめしたうえ獲得した利益であり、打ち負かされた大半は、我慢をして、しのいでいかねばならない憂き目に逢う。

ルース・ベネディクトのシナジーの定義

アブラハム・マズロー『人間性の最高価値』より

もう少しかみ砕いて言うと、シナジーの高い社会では、個人の利益追求が社会の利益追求にダイレクトに結びつくということです。これはまた、個人の利他的で愛他的な行為が即座に個人の利益として還ってくることをも意味します。マズローの言葉を引きましょう。

シナジーの備わった社会制度の下では、利己的な目的を追求することが必然的に他人を助けることにつながり、また愛他的・利他的で他人を助けようとする行動が、自ずとそして必然的に自分自身にも利益をもたらすということである。

これは利己主義と利他主義の二分法が解消されるということであり、利己主義と利他主義の対立や相互排他状態が見られる文化はいまだ成熟しきっていないということである。

アブラハム・マズロー『完全なる経営』

私が〝利己的〟満足を求めたとき、自然に他人を助けることになり、また利他的になろうとした場合、おのずから報酬を得て、自らもまた満足する。換言すれば、利己主義と利他主義との二分法ないし両極的対立が解決され、超越されるように、組織立てられた利己主義と非利己主義を統一する社会構造条件である。

アブラハム・マズロー『人間性の最高価値』

利己的な目的が他人のためになり、利他的な目的が自分のためになる。その結果、利己主義と利他主義という二分法を越えた状態、これがシナジーの本来の意味です。事業や経営資源の適切な結合で生じる相乗効果とは、かなり意味が異なることがわかると思います。そして、高いシナジー度を備えた社会、これがマズローの言うユーサイキアの本質となります（図6参照）。

図6　シナジーの本質

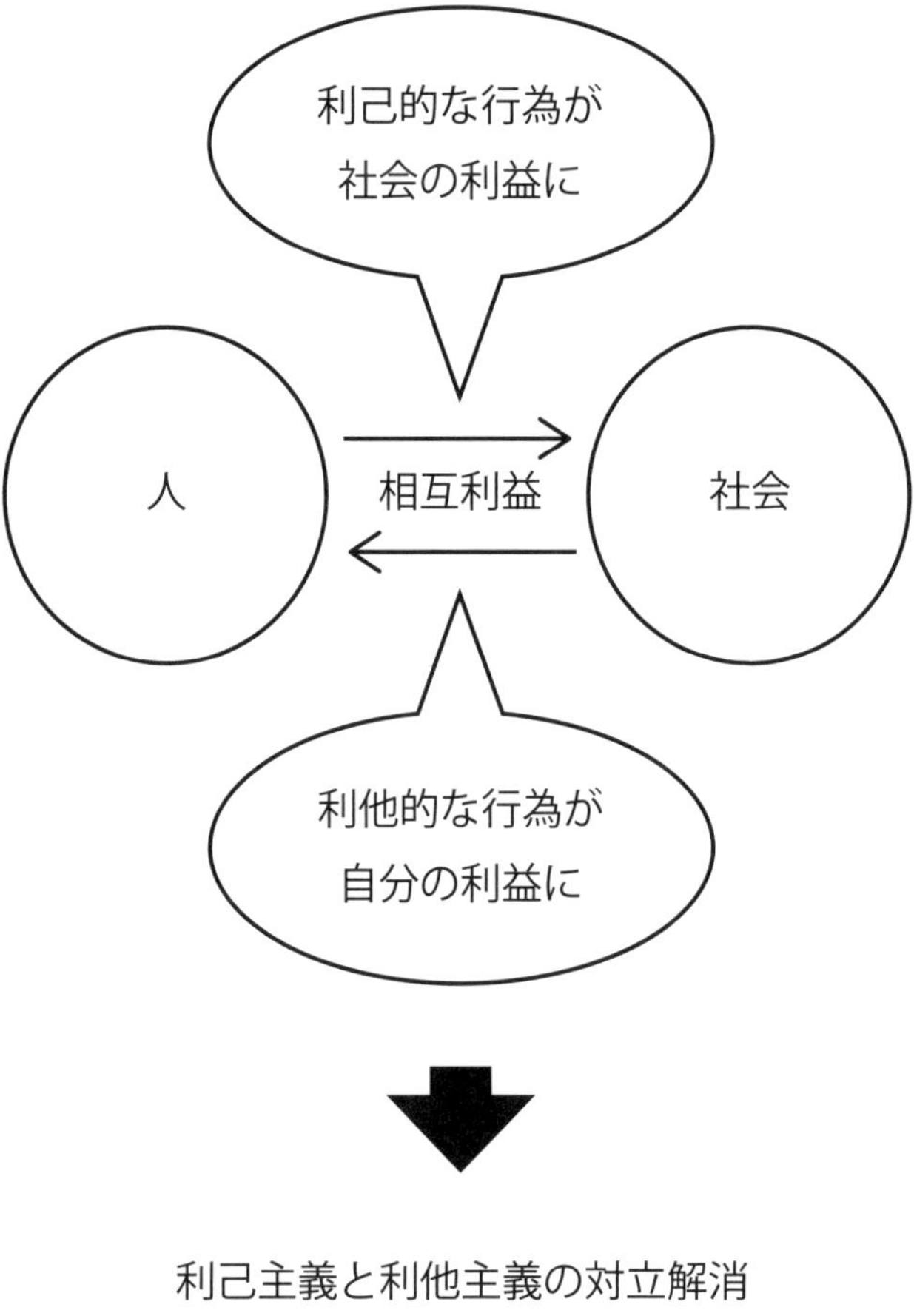

●ユーサイキアにはモデルがあった

実はマズローは、このユーサイキアのモデルとなる社会をその身で体験しています。1938年にフィールドワーク調査に出掛けたブラックフット・インディアンの社会です。

マズローはブラックフット・インディアンの社会に入り込み、彼らがまず人であり、個人であり、人間であって、しかるのちにブラックフット・インディアンであることを知ります。そして彼らが人として素晴らしい社会的価値観を持ち、その価値観を社会の仕組みに組み込んでいることを発見しました。それは財産に関する価値観です。

マズローはフィールドワークの中で、ブラックフット・インディアンの中で誰が一番裕福なのかを特定しようとしました。マズローの常識からすると牛や馬を多数所有しているジミー・マクヒューという男が最も裕福に見えます。ところが他のインディアンにインタビューしてみると、その男は単に貯め込んでいるだけで裕福でも何でもないという答えでした。それに対して、彼らが最も裕福な人として尊敬するのは、気前よく財産を分け与える人々です。

ブラックフット・インディアンは、毎年6月後半に「太陽踊りの儀式」、別名「財産放棄の式」と呼ばれる儀式を行います。この儀式では部族の全員が集まって、部族の金持ちたちが1年間働いて蓄積した財を部族の皆に分け与えます。そして、最も多く分け与えた者が、部族の富裕者として尊ばれるというものでした。逆に牛や馬を貯め込んでいた男のように分け与えずに蓄財する者は蔑視の対象になります。マズローは多くの財を蓄積する者ほど富裕者と言われる現代社会とはまったく異なるブラックフット・インディアン社会の価値観に大きな感銘を受けたものです。

では、シナジーの観点でブラックフット・インディアンの社会で行われている「財産放棄の式」を考えてみましょう。部族の「金持ちたち」は、この儀式において1年間で蓄積した富をはき出します。これは部族の中で恵まれない人にとってはとても有り難いことです。そのお返しとして部族の人々は、財産を分け与えてくれたこの人物たちを富裕者として厚く尊びます。

金持ちにとって財産の放棄は利他的行為です。これに対して社会は富裕者という称号で彼を呼びます。つまり利他的行為が即座に自分の利益として還ってくるわけです。またこの行為は、称号を得るため、つまり自分の利益のために、財産を放棄する行為としても考えられるでしょう。ところが、称号を得るための利己的行動が、社会全体の利益に貢献します。

いかがでしょう。このようにブラックフット・インディアンの社会は、利己的な目的が他人のためになり、利他的な目的が自分のためになります。そして、利己主義と利他主義という二分法を越えた状態になっているのがわかります。つまり、ハイ・シナジーの備わった社会がブラックフット・インディアンの社会だったわけです。以来、マズローはことあるごとにブラックフット・インディアンの「財産放棄の式」に言及しましたが、これは彼らの生き方にユーサイキアの本質を見ていたからに違いありません。

●ユーサイキアン・マネジメントとは何か

ここで再びマズローが短期滞在したノンリニア・システムズ社の話に戻らなければなりません。ノンリニア・システムズ社では、ピーター・ドラッカーやダグラス・マグレガーの著作を教材にして、組織の改善をはかっていた点についてはすでに書きました。

中でもダグラス・マグレガーの著作『企業の人間的側面』で展開されたX理論とY理論は、そもそもマズローの欲求階層論を基礎にしたものでした（この点については第3章でふれました）。日本では1966年に産業能率短期大学から出版された同書の中で、マグレガーは、X理論の人間観とY理論の人間観には次のような特徴があると述べています。

X理論による人間観

・普通の人間は、生まれながら仕事が嫌いで、なろうことなら仕事はしたくないと思っている。
・仕事は嫌いだというこの人間の特性のために、たいていの人間は強制されたり、統制されたり、命令されたり、処罰するぞとおどされたりしなければ、企業目標を達成するために十分な力を出さないものである。

・普通の人間は命令されるほうが好きで、責任を回避したがり、あまり野心を持たず、何よりもまず安全を望んでいるものである。

Y理論による人間観

・仕事で心身を使うのは人間の本性であって、これは、遊びや休憩の場合と同じである。

・外から統制したりオドかしたりすることだけが、企業目標達成に努力させる手段ではない。人は自分が進んで身を委ねた目標のためには自ら自分にムチ打って働くものである。

・献身的に目標達成につくすかどうかは、それを達成して得る報酬次第である。

・普通の人間は、条件次第では、責任を引き受けるばかりか、自らすすんで責任をとろうとする。

・企業内の問題を解決しようと比較的高度の想像力を駆使し、手練をつくして、創意工夫をこらす能力は、たいていの人に備わっているものであり、一部の人間だけのものではない。

・現代の企業においては、日常、従業員の知的能力はほんの一部しか活かされていない。

旧いタイプの伝統的な経営管理では、従業員をX理論の立場からとらえてきました。しかし、人の欲求が低次レベルから高次レベルへと移行するに従って、もはや従業員をX理論で管理するのではなく、Y理論で管理することが欠かせないとマグレガーは主張しました。そしてこの理論の基礎にマズローの欲求階層論を援用していたのです。ノンリニア・システムズ社の組み立てラインの改善はこのY理論に従ったものでした。

マズローはノンリニア・システムズ社が、社員のやる気を引き出す現場にふれて、「優秀な人材がきちんとした組織に加われば、まず仕事が個人を成長させ、次に個人の成長が企業に繁栄をもたらし、さらに企業の繁栄が内部の人間を成長させる」（『完全なる経営』）のではないかと考えます。マズローが想定するこの仕組みとは、社員の利益が会社の利益となり、それが再び社員に還元されて会社の利益につながるという、まさに利己的な目的が組織のためになり、利他的な目的が社員のためになる、ハイ・シナジーな仕組み、ブラックフット・インディアン的な社員と組織の関係です。

このようにシナジーを中心に据えた企業経営を、マズローは「ユーサイキアン・マネジメン」（「進歩的な経営管理」と訳されることもある）と命名しました。あえて定義するならば、個人の目的が会社の目的と合致することで会社と個人双方の利益を生み出す経営です。ここに個人と企業の対立は解けて高度に統一されることになります。このような組織を目指すのがユーサイキアン・マネジメントの正体にほかなりません。

●ユーサイキアン・マネジメントの優れた点

マズローの提唱するユーサイキアン・マネジメントには、大きく2つの点で現代の企業に優れた経営の視点を与えてくれるように思います。

1つは企業が人間成長セクターとして機能する可能性が高まるという点です。企業を含めたあらゆる組織は社会の「器官（オーガン）」だと述べたのはピーター・ドラッカーです。人間の器官に不必要なものは基本的にありません。いずれも全体としての人間が適切に機能するよう、それぞれの使命（ミッション）に従って、それぞれの器官が自分の仕事を行います。目は物事を見、耳は音を聞き、口は物を食べる、というように。

社会における企業もこれと全く同じです。社会やコミュニティ、個人が持つニーズに対して、それらのニーズを満足させるために企業は存在します。ニーズが満たされるほど社会は円滑に機能するでしょう。つまり、全体としての社会が適切に機能するよう、それぞれの使命（ミッション）に従って、それぞれの企業が自分の仕事を行います。だから企業は人体における器官のように不可欠であらねばなりません。仮に器官として用を足さないのならば消え去る、すなわち倒産することが、社会全体にとっての利益になります。役目が終わった組織の延命は社会的損失でしかありません。

それはともかく、これらの企業が持つ使命に共通するのは、ニーズに応えてよりよい社会に貢献する、という点で一致するでしょう。企業が持つこの目標を、そこで働く従業員が共有したと考えてみてください。従業員の活動は自ら定めた目標に従っていますから利己的な活動と言えます。しかしその目標は会社の目標と合致していますから会社の利益に貢献します。またその利益は、従業員に還元されることになるでしょう。

目標が達成されると従業員のモチベーションは高まること必至です。今度はもっと上手くやってやろうという意欲が湧いてくるに違いありません。そうするとさらに高い目標を達成する可能性が高まります。もちろんその成果は企業の利益に反映されます。そして従業員へと還元されます。

このように、従業員と企業の間にシナジーという好循環（つまり悪循環とは真逆のもの）が生まれます。従業員にとっての活動（利己主義）は会社にとっての利益になり、会社への貢献的活動（利他主義）は従業員にとっての利益になります。その中で従業員は、より高い目標を目指して成長を続けます。このようになれば、企業は人を育てる機関、人間成長セクターになり得るでしょう。ユーサイキアン・マネジメントの優れた点はまずこの点にあります。

●企業が目標とすべきものは何なのか

ただし、企業が人間成長セクターになるには重要な前提条件があります。それは企業の目標の在り方です。先に企業の目標は、ニーズに応えてよりよい社会に貢献するという点で一致すると書きました。もちろんここでは反社会的企業は想定していません。しかし残念ながら世の中には善悪の両面があります。ニーズに応えずに利益を得る企業、つまり詐欺行為としかいいようのない活動に従事している企業が存在するのも現実です。

周囲が嘘つきばかりの社会で暮らせば私も嘘つきになるでしょう。同様に詐欺行為ばかり働く企業で働いていれば、私も詐欺行為に罪悪感を覚えなくなるでしょう。そういう意味で、企業が人間成長セクターになるには、その企業が正しい目標を持ち、その目標を従業員が共有する。この点が欠かせません。

では、企業が持つべきである、よりよい社会に貢献するという、より具体的な目標とは、一体どのようなものなのでしょうか。そのヒントはすでに本書でふれています。

自己実現者の特徴を思い出してください。彼らは仕事を通じて「本質的価値」を追求するという大きな特徴を持ちました。本質的価値とはB価値とも呼びました。それは、「真、善、美、全（二分の超越）、生気、独自性、完全（必然性）、完結、正義、簡素、豊かさ、無努力、遊戯性、自足性」の便宜上14種類を指しました。自己実現者にとって仕事はこれらを追求するための手段であって、彼らにとって本当に大切なのは仕事ではなく、仕事の背景にある本質的価値でした。

一方、マズローの欲求階層論をあえて企業に適用した場合、企業にも人間と同様、相対的に低次な階層にとどまる企業もあれば、より高次なレベルに位置する企業もあると考えられます。ではここに自己実現者と同様、より成熟した企業があると想像してみてください。このような企業にとって、追求する目標はB価値となるでしょう。この場合、企業が展開する事業とは、B価値を追求する手段以外の何者でもありません。

では、このB価値の追求を目標としながら事業を行っている企業に勤めている従業員を想定してみてください。この企業でシナジーを起こそうと思うと、従業員は目標を企業と共有しなければなりませんでした。では、この場合、共有すべき目標とは何か——。

そうです。その従業員の目標はB価値に準じた目標になります。そして自己実現者はおしなべてB価値を追求する人たちでした。仮に従業員がまだ自己実現者でないとしたら、B価値の追求は自己実現への大きなステップになるはずです。これは言い換えると企業が人間成長セクターとして、その従業員の成長を背中から押してくれることを意味します。

しかもこの企業は社会の一員として高いシナジーを備えていますから、個人の利己的活動が企業のためになり、企業の利己的活動は社会のためになります。また社会の利益は企業へと還元され、企業の利益は従業員へと還元されます。つまりそれぞれが全体であると同時に部分であり、部分は全体のために働き、全体は部分へと利益を還元します。

マズローはこれを「入れ子構造」と呼びました。国に良いものは地域に良く、企業にも良く、従業員にも良いでしょう。逆に、良い従業員は良い製品を作り、これが企業のためとなり、それが地域のため、さらには国のためとなるでしょう。このような入れ子構造的な関係性とは、全体論的な相互依存関係にほかなりません。それは利他的と利己的を越えた両者の統合で実現するものです。このように単に単独の企業の枠組みにとどまるのではなく、つまり部分最適化ではなく、全体最適化を考えている点が、ユーサイキアン・マネジメントのもう1つの優れた点と言えます。

●X理論・Y理論からZ理論へ

こうしてユーサイキアン・マネジメントでは、成熟した人が企業を経営し、やはり成熟した人が従業員として働きます。この点を前提にして考えると、ユーサイキアン・マネジメントが対象とする人間は、マグレガーが提唱したX理論・Y理論のどちらの人間観も該当しません。これらの人間観にマズローの欲求階層論を適用するとその理由が一目瞭然になります。

X理論では命令や強制で人を働かせます。仮に労働者が生理的欲求や安全の欲求を満たすことのみを目指すのならば、命令や強制に対して渋々働くでしょう。しかしこれらの欲求がある程度満たされると、より高い欲求が頭をもたげてきます。これは所属と愛の欲求であり、さらには承認の欲求です。そのため従業員を家族同様に扱って、従業員が自ら進んで目標を達成するような仕組みを整えます。これがY理論の目指すところです。

しかしこれらの基本的欲求をある程度満足している人々をユーサイキアン・マネジメントでは対象にしています。つまり、自己実現者や自己実現を追求する人々を対象にした場合、もはやX理論やY理論の人間観では人は動かない、というのがマズローの考えです。そのためX理論やY理論を越えた「Z理論」の必要性をマズローは説きます。

彼らの場合、低次の基本的欲求は満たされています。これらが満足されると価値ある人生や、仕事の背景にある価値を目指して創造的かつ生産的であろうとします。つまりB価値の追求です。したがって彼らが満足するには、企業自体がB価値を目指している必要があります。その上で彼らと目標を共有して、事業という手段を通じてB価値を追求しなければなりません。つまり従業員のB欲求――マズローはこれを「メタ欲求」とも呼びますが――を充足させるような仕組みが欠かせません。それは真や善、美、正義、完全などを目指すことです。この点を前提に経営管理を行うのがマズローの言うZ理論にほかなりません。

もっともだからといってマズローはX理論やY理論を捨て去れと主張するのではありません。ユーサイキアン・マネジメントでは、優秀な管理者が部下を鼓舞するには次の方法があるとマズローは著作『完全なる経営』の中で言います。最高の管理者は自分自身が心理学的に健康であると同時に、部下の心理的健康を増進します。その方法には2つあります。まず、労働者の基本的な欲求（安全、所属、親密な関係、名声、自尊心）を満足させることです。次にメタ動機づけ、つまりB価値に基づいた動機づけを行うことです。以上をとりまとめてマズローはこう言います。

つまり、もともと労働者が充分高いレベルにあれば、進歩的な経営管理は基本的欲求の充足とメタ欲求の充足という二通りの方法によって、労働者の健康を増進することができるのである。

アブラハム・マズロー『完全なる経営』

●マズローとドラッカーの共通点

マズローが提唱したユーサイキアン・マネジメントは、ドラッカーのマネジメント論と非常に共鳴する点が多々あります。マズローはノンリニア・システムズ社に短期滞在した際に、ドラッカーの著作に初めてふれたことを前に記しました。その当時が1962年ですから、すでにドラッカーは初期の名著である『会社という概念』（1946年）や『現代の経営』（1954年）を出版していました。マズローはこれらの著作（思うに特に後者）に接したのでしょう。

ここで簡単にドラッカーの経歴にふれておきましょう。ドラッカーは1909年に、オーストリア＝ハンガリー帝国の首都ウィーンで生まれました。ドイツで仕事に就きながら大学に通い、新聞記者や大学助手、証券アナリストなどの職業を経て1937年にアメリカにやって来ました。当時

28歳です。

1939年に処女作『経済人の終わり』を出版して、以後、ドラッカーは執筆家としての名を高めていきます。代表作には先の『現代の経営』のほか、『創造する経営者』（1964年）、『経営者の条件』（1966年）、『マネジメント』（1973年）など多数あります。しかし1962年当時、後者の3冊はまだ出版されていません。

マズローもドラッカーもいずれも「アウトサイダー」だった点で共通しているように思います。ドラッカーは移民としてアメリカに渡り新天地で名声を獲得します。またマズロー自身は移民ではないものの、移民ユダヤ人の2世として育ちました。また2人とも大学の教授として生計を立てますが、いわゆるアイビーリーグ8大学での職を得ていないのもアウトサイダー的です。

ドラッカーはニューヨーク近郊のサラ・ローレンス大学の非常勤講師を皮切りに、ベニントン大学やニューヨーク大学、さらに1971年にはクレアモント大学大学院に奉職しています。ニューヨーク大学の教授に就いたのは1949年のことで、マズローがブルックリン大学で助教授をしていた時代です。

先にもふれたようにドラッカーは社会を人体にたとえ、企業を社会の器官（オーガン）としてとらえました。そもそも器官は人体に奉仕するものでなくてはなりません。奉仕してくれる器官だからこそ、全体である人間もその器官を大切に扱います。企業も同様です。社会全体に貢献するからこそ社会から賞讃や報酬が得られるわけです。このようにドラッカー理論によれば、人体と器官にたとえた社会と企業はハイ・シナジーな関係にあると言えます。これはマズローの主張と軌を一にするものです。

またドラッカーは、20世紀末の社会をポスト資本主義社会ととらえ、資本や労働力に代わっていまや知識が資源の中核になりつつある時代と定義しました。専門的な知識を有する者（ドラッカーはこれを知識労働者と呼びます）は、かつて資本家が所有していた生産手段と生産要素を、知識労働者自身が完全に所有しています。中でも高度な知識労働者は、自ら持つ生産手段と生産要素で、基本的欲求を満足させられる可能性がかなり高まります。とはいえ、彼らの知識は極めて専門的ですから、どうしても他の知識労働者と協同する必要が出てきます。ここに彼らの生産性を高めるためのマネジメントが重要になります。

ドラッカーは知識労働者をマネジメントするには金銭的報酬だけでは不十分だと指摘します。さすがにドラッカーはB価値が必要だとまでは言及していませんが、ドラッカーが言いたいのは、もはや低次の基本的欲求を満足させるだけでは、優秀な従業員を動機づけるのは困難だということでしょう。

●マズローのドラッカー批判

もっともノンリニア・システムズ社でドラッカーの著作にふれたマズローは、ドラッカーの主張に対して諸手を挙げて賛同したわけではありません。むしろなかなか厳しい批判をしています。それは、ドラッカーがマネジメントの対象として想定している個人は、基本的欲求が満足された、どちらかといえば理想的な人間だという点です。

安全がないがしろにされている環境では、人は成長よりも安全を選択するでしょう。したがって、安全の欲求が満足されていない企業にドラッカーのマネジメント論を適用するのは不可能だ、とマズローは指摘します。このマズローの主張が正しいとすると、ドラッカーが提示した「3人の石工」という著名な逸話も、別の観点から検討する必要があります。

ある人物が3人の石工に「何をしているのか」と尋ねました。3人からはそれぞれ次のような返事がありました。

「これで食べている」

「国でいちばん腕のいい石工の仕事をしている」

「教会を建てている」

これらの3人のうち経営管理者の資格があるのは3番目の男だ、とドラッカーは言います。第1

の男は、生活するために仕事をしています。そのため1日の報酬に見合った仕事しかしないでしょう。また第2の男は、一見素晴らしい仕事をしているように見えます。しかし仕事は全体のニーズと関連づけることが欠かせません。「いちばん腕のいい仕事」は得てしてこのニーズからずれる可能性が高まります。

一方、第3の男は、組織が目指す目標を理解して自分の責任を規定しています。組織の目標に貢献するよう自分の能力を発揮しているのがこの3番目の男です。自らを管理し卓越した成果を達成するためには3番目の男であれ——。これがドラッカーからのメッセージです。

とはいえ、マズローの見地からすると、第1の男や第2の男も無《む》碍《げ》に斬り捨てるわけにはいきません。というのも、彼らの欲求は第3の男と異なる階層に属していると考えられるからです。

第1の男は生活のために石工をしています。これは安定した暮らしをしたいがためであり、欲求階層論で言えば、「安全の欲求」が基礎になっていると言えます。また、第2の男は「いちばん腕のいい石工」を目指しています。トップの腕前か否かは、他の石工との比較が欠かせません。比較した上で第2の男の腕が最上ならば、最も腕のいい仕事をしたことになるでしょう。また、他の石工も彼を賞讃するでしょう。

このように第2の石工は、外部からの承認や賞讃、他人からの尊敬を得ることを目指しているように見えます。これが正しいとすると、第2の石工は欲求階層論における「承認の欲求」に動機づけられていることになります。

実際、現実を見れば「生活のために仕事をしている」という人が多数いるわけです。マズローからすると、ドラッカーはこの点を完全に見落としていると思えたようです。したがって、人間の成長を基礎に置く人間性心理学の見地からすると、第1の石工や第2の石工が、より高次の欲求に推移できるよう支援してやらなければなりません。

そして彼らを雇う企業（組織）としては、そこまで目配りしたマネジメントが必要だ、とマズローは主張するわけです。いわば、マネジメントに欲求階層論を適用して、階層に応じたマネジメントを実行せよ、ということです。言い換えると、マズローの欲求階層論で言うならば、低次の基本的な欲求に満足していない社会や人は、ドラッカーのマネジメントを適用するのは困難である、という主張です。

●ユーサイキアとは逆の方向を向く現代マネジメント

かつて日本企業の特徴を「終身雇用」「年功序列」「企業内組合」の3点で表現したのはボストン・コンサルティング・グループの初代日本支社長でのちに日本に帰化するジェームス・アベグレンです。この3つの言葉は詰まるところ「家族的経営」という一語で表現できるでしょう。

かつての日本の企業では、新人がいったん会社の一員になると、あたかも家族のように扱いました。組合はあるものの業界横断ではなく企業内に存在しますから、会社が倒産しては元も子もないので労使協調が基本路線になります。その上で従業員は、家族としての終身の契約がなされ、長兄すなわち年長者から順番に重要なポストが与えられます。これらの手法はＹ理論に基づく経営管理だと言って問題ありません。

右肩上がり時代にはこの家族的経営が見事に機能しました。しかし経済成長が停滞しアジア各国からライバルが出現すると、もはや家族的経営などとは言ってられません。その代わりに導入されたものの１つが派遣労働です。派遣労働者は企業にとって「うち」の人ではなく「そと」の人です。しかもこの派遣労働者の数が確実に増えているのが現在であり、これは名実ともに従来の家族的経営が崩壊したことを意味しているのでしょう。

派遣労働者に対する雇い止めという言葉が象徴するように、いまや立場の強い者が弱い者に圧力をかける構図は強まりこそすれ弱まる気配はなさそうです。むしろそれは陰湿になっているかのようで、セクハラに始まってパワハラ、マタハラ、オワハラと、ハラスメント関係の新たな省略語が次々登場することが、その事実を象徴しています。またこうしたハラスメントを繰り返す企業をブラック企業と呼び、そのような企業では学生がブラックバイトの災難に遭うという構図です。

このような環境は働く人を「成長」ではなく「退行」に向かわせる大きな原動力となるでしょう。

その一例を示しましょう。最近、著名ＩＴ企業に勤める私の知人と話をしていて、こんな印象的な言葉を聞きました。

「うちの会社で出世するのは、たいていが性格の悪い人ばかりです。人を押しのけてでも上に行く人ですよ。性格のいい人は辞めていきます。ドラッカーの理論って、理想かもしれませんね」

あの著名な会社でもそうなのか、と私は驚いたものです。退行の例はほかにもあります。近年は安定した生活を求めて公務員を目指す人が多いのが現状です。公務員になる人のすべてが安定した生活を目指しているわけではないでしょう。しかし民間よりは公務員と考える人の理由には、「安定した生活」の存在が大きいこともこれまた事実でしょう。これはマズローの欲求階層論に従うと、明らかに「安全の欲求」を満たすための行動、ドラッカーの例を借りれば「第1の石工」と言えます。悲しいのは、安定した生活を求めて首尾良く公務員になった人の生活を支えるのが、私たちの血税だという現実です。納税者は泣くに泣けません。

以上のような状況では、ドラッカー理論もユーサイキアン・マネジメントの理想も、まさに砂上の楼閣の如しという感がぬぐえません。

果たしてこのような社会に未来があるのでしょうか――。最終章では、この未来の社会についてマズローとともに考えてみたいと思います。

第６章　ユーサイキアは実現できるのか

●ハクスレーの小説『島』とブラックフット・インディアン

オルダス・ハクスレーはイギリス出身の作家でのちにアメリカに移住します。１９５４年に出版した『知覚の扉』は、ハクスレー自身が催幻覚剤を用いて、自分の内面で起きる現象を記述した作品として大きな話題を呼びました。同書はジム・モリソンが率いる「ドアーズ」のバンド名の由来になったことでも有名です。

１９６２年、マズローはノンリニア・システムズ社で短期滞在した際にこのハクスレーに出会っています。すでに『知覚の扉』を読んでいたマズローは、初対面であるハクスレーの紳士的態度に大きな共感を覚えたといいます。マズローは自己実現の研究において、有名人および歴史上の人物で自己実現者として非常に可能性が高い者の１人にハクスレーを挙げていますから（第４章参照）、よほどハクスレーの人格に傾倒したのでしょう。

ハクスレーの著作としては『知覚の扉』のほかに、『永遠の哲学』（1945年）が著名です。しかし小説『島』（1962年）はあまり知られていない作品かもしれません。日本では片桐ユズルの訳で1980年に人文書院から邦訳版が出版されました。

マズローはこの『島』を芸術作品としてはそれほど重要ではないと述べています。しかし学生達にこの小説を読むように強く勧めました。それはこの小説でハクスレーが「理想的な人間とその社会」について、死の直前の力を振り絞って描いているからでしょう（ハクスレーは『島』を出版した翌1963年に亡くなります）。

主人公のウィル・ファーナビーは西洋文化にどっぷり浸かったジャーナリストで、西洋文化から隔絶されたパラ国と呼ばれる島国に漂着します。彼がそこで見たものは、パラ国が独自に発展させた資本主義とはまったく異なる社会と文化でした。やがてファーナビーは、パラ国の人々が持つ溢れんばかりの幸福感の背後にある価値観や宗教、教育、経済システムを知り、さらにはパラ国の人々が愛用する催幻覚剤も使用することで、理想の社会としてのパラ国に目覚めていきます。

この小説についてマズローが、「人間のなりうるものについての論文として見ると、極めて感動的である」（『人間性の最高価値』）と書くのは、ハクスレーの考える理想社会の仕組みが、自身の考えるユーサイキアの精緻化に役立つと考えたからだと思います。

また、おそらくマズローは、ハクスレーが書くパラ国に、ブラックフット・インディアンの社会を重ね合わせたのに違いありません。両者に共通するのはハイ・シナジーな社会です。そこに住む人々は自己の利益も追求するのですが、その行為が社会全体の利益に貢献します。また人々の利他的な行為は社会に恩恵をもたらすだけではなく、その人の社会的価値を高めます。パラ国もブラックフット・インディアンの社会もこの点で共通する価値観を有しています。

さらに興味深いことに、ブラックフット・インディアン社会とパラ国が、やがてこの世から消えてしまうのも共通する運命にありました。パラ国の場合、国の新たなトップに立つ若者とその母親が西洋資本主義の信奉者でした。彼らは国内の常識ある人々から蔑まれていましたが、軍事クーデターを引き起こして、パラ国の改革に乗り出します。もちろん改革とは資本主義化のことにほかなりません。

もっともパラ国の破滅は小説の話ですが、ブラックフット・インディアンの場合、かつての文化と社会は本当に資本主義化の波によって雲散霧消してしまい、現在では書籍などでしか知る術はありません。そもそも、マズローがフィールドワークを行った時点で、ブラックフット・インディアンの社会では、現代社会的な貧富の格差が始まっていました。前章で述べたように、現代社会的なマズローの目からすると、部族の中では牛や馬を多数所有していたジミー・マクヒューという男が裕福に見えました。しかし部族の人々は彼のことを「単に貯め込む奴」として軽蔑していました。ちょうどパラ国の新たなトップとその母親がパラ国の常識人から蔑まれたようにです。

しかし当時を振り返ると、このジミーこそが資本主義の先駆けです。そしてやがて、ブラックフット・インディアンの社会は怒濤のごとく押し寄せる資本主義の大津波に飲み込まれて跡形もなくなります。クーデターこそなかったものの、顛末はパラ国と同じです。

満足されていない高次の欲求と低次の欲求があった場合、人は低次の欲求を満たそうとします。成長よりも退行を選びます。パラ国やブラックフット・インディアン社会の破滅は、成長よりも退行を選択した結果だと思えてなりません。

●ユーサイキア社会のリーダーシップ

しかし理想はやがて退行し消滅するこれらのシナリオは衝撃的です。身近な題材で述べるならば、企業には「理想論を掲げてもメリットなし。現実を直視せよ」と言いながら、他人を足蹴にしてのし上がる管理職が存在する、という現実です。実際、このような人物が「退行することこそが自己実現なのである」と言い放てば、もはや手の尽くしようがないような気がします。

しかしそれでも私たちは断じてこう言うべきだと思います。「退行するのは自己実現ではなく、低次レベルの欲求を満足させているだけなのだ」と。自己実現とは好き勝手に生きることではありません。少なくともマズローの定義ではそうです。自己実現者とは自らが持つ潜在能力を最大限開花させた人であり、彼らの追求するのはB価値です。これは言い換えるならば、B価値の追求者が自己実現者である可能性が極めて高くなります。ですからマズローの言う自己実現とは、「自己」の語をむしろ「人間」と言い換えるべきかもしれません。つまり理想的な「人間実現」です。

しかし退行はB価値の追求と真逆の方向を目指します。いくら本人が退行こそ自己実現と言ったところで、マズローが定義した自己実現と重なる点は一切ありません。退行による自己実現はいわば「私的実現」であり、「人間実現」とは似ても似つかないものなのです。

そういう意味で、マズローが掲げた自己実現者の特徴は、私たちが自己実現、すなわち私的実現ではなくて人間実現を目指す上で良き理想になると思います。成長を目指す私たちにとって、理想は夜空に輝く北極星みたいなものでしょう。

同様のことは社会についても言えます。たとえ理想の国家が実現しないとしても理想を持つことはいいことだと思います。というのも、たとえ周囲は暗闇であっても、その理想が灯火となって進む方向がわかるからです。暗闇の中で路頭に迷うよりも明らかに助かります。

とはいえ理想とは過激なものです。理想を実現する具体的な策を社会に適用しようと思うと、現在の常識では考えにくいことを実行しなければならないからです。それは人が持つ価値観に変革を強います。ハクスレーの『島』には理想への具体策が詳細に開陳されているのですが、ここではマズローがユーサイキアで実現すべきだと主張した、なかなか過激な具体策のいくつかについてふれておきましょう。

まずはユーサイキアにおけるリーダーの条件です。ユーサイキアの本質は高いシナジーが備わっている社会でした。この社会では自他共に認める有能な人がリーダーになるべきです。ただしそのリーダーには重要な要件があります。それは「高次の報酬」が高ければ、金銭をはじめとした低次な報酬は極力少なくても構わない、という要件です。高次の報酬とは自分が持つB価値への欲求を満足させるものです。それは真実や正義、美、あるいは完全かもしれません。

では、このような条件に満足できるのはどのような人物でしょうか。

それはB価値を徹底して追求する超越的な自己実現者でしょう。超越的な自己実現者ならば、基本的な欲求はほとんど満たしています。ですから低次欲求への執着は極めて小さいと考えられます。代わりに彼らが追求するのはB価値です。そのため高次の報酬が高ければ、低次の報酬が低くても気にしません。

彼らは文字どおり私たちの一般的な常識からは超越していますから、「超越的」と表現するのはまさに適切であることがわかります。マズローはこのような人物によるリーダーシップを特に「Bリーダーシップ」と呼びました。しかしこの考え方は、私たちの常識からすると、あまりにも破壊的です。なぜ破壊的なのかを説明しましょう。

●マズロー派の経営学者がいない理由

すでに私たちはマズローの欲求階層論が経営学に取り入れられている実情について見てきました。しかしながら経営学における欲求階層論の流用は、だいたいにおいて承認の欲求止まり（したがってY理論止まり）が一般的だと考えるべきでしょう。また、最上階層の自己実現の欲求についても、一般的には「自分の欲する者になる」と理解されており、B価値への言及は皆無です。

ましてや「マズローの5段階欲求」とは表現しても「マズローの6段階欲求」とは表現されることはまずありません。というのも、6段階欲求の最上階層は超越的な自己実現者に対応しており、これを積極的に受け入れると、経営学にBリーダーシップを導入することになるからです。こうなると経営学者にとっては極めて具合の悪い事態が生じます。

たとえば、皆さんが著名IT企業と顧問契約をする経営学者だとします。あなたは経営陣に自身のマネジメント論を開陳して、よりよい会社経営に貢献しなければなりません。そのような立場であなたが経営陣に対して、「いまやBリーダーシップを発揮すべき時です。すなわち、皆さんの金銭的な報酬は徹底的に低く抑えて、真実や美、誠実といったB価値実現による報酬を高くしなければなりません」と、マズローのBリーダーシップ論を述べられるでしょうか。

たぶん難しいでしょう。仮にそのような見解を述べたとしたら、経営陣から土砂のごとき反論を浴びせられた上、即刻お役御免となるでしょう。管見ではありますが、右のような立場を主張する経営学者を私は知りません。つまり経営学者はマズローの使いやすい個所はつまむけれど、マズローが主張した理想論になると不味くて食べられないから無視してきたし、もちろん現在も目をつぶっています。これからもそうでしょう。ですから現在のところ、経営学においてマズロー派が成立する可能性は極めて低いと言わざるを得ません。

●税金に関するマズローの主張

もう1つユーサイキアにおける具体策に関して、マズローが税金について述べた主張を紹介しておきましょう。税制に累進課税というものがあります。これは所得が多い人ほどより多くの税金を負担して所得の公平感の維持を狙うものです。マズローは累進課税に賛成でした。Bリーダーシップでは金銭としての報酬を極力低く抑えるのが鉄則です。ちょうどブラックフット・インディアンが「財産放棄の式」で自分の稼いだ財を皆に分配していたように。累進課税はその精神に合致しているというわけです。ちなみに、2014年の末頃から日本で一大ブームを巻き起こしたフランスの経済学者トマ・ピケティの資本論でも、マズローと同様に、累進課税は経済格差是正のために好ましいと主張している点が興味を引きます。

また、マズローは優良企業に対する税金優遇制度というちょっと変わった仕組みも提案しています。そもそもマズローは、ノンリニア・システムズ社の観察を通じて、企業が人間成長セクターになれるのではないかという着想を得ました。企業で成長する従業員はよりよい製品を作り出すでしょう。それは地域や社会、国家に大きく貢献するに違いありません。そしてその利益は社会や地域、企業、従業員へと還元されます。

マズローの税金優遇制度は、こうしたハイ・シナジーの核となる企業に対して税金を優遇してはどうか、という考え方です。具体的には、良好な職場の提供、より善い市民の育成、地域への貢献など、社会全体の向上や地域住民の生活向上に貢献した民主的企業に税制上の優遇策を適用するというものです。またこの制度では、民主政治や良質の学校教育の効果を弱める企業、社員の精神的健康を低下させる企業、敵意や破壊を増長する企業には追徴金もいといません。

マズローが提唱する税制の是非については保留するとして、ここではその精神に着目したいと思います。まず注目したいのは優良企業に対する税金優遇制度です。地域に貢献した企業が税制上の優遇を得られるということは、その企業が優秀な企業であることを社会が認めることになります。仮にこの優秀企業という社会的地位が、社会全体から高い評価を受けるとしたら、企業にとってもメリットは非常に大きいでしょう。いわば評価が報酬であり、シナジーの仕組みをうまく取り入れたものになるように思います。

　もっとも、マズローが提唱する仕組みでは、この報酬について社会的評価よりも税金優遇に重きを置いています。これは金銭の報酬を低くして、高次の報酬を高めるという、Bリーダーシップの精神に反するように見えます。自家撞着です。とはいえマズローは、この矛盾を理解していたのではないかと思います。というのも、現段階では現実問題として、企業を動機づけるには高次の報酬ではなく、より即物的なものでなければ実行は難しいからです。

　さらにこの議論から累進課税の大きな問題点が浮かび上がります。大きな所得を得た企業や個人がより多くの税を支払ったとしましょう。それは社会に貢献する素晴らしい行為です。しかしながら私たちの社会は、そのような企業や個人を賞讃する価値観や仕組みを持ちません。場合によっては尊敬するよりも蔑むことさえあります。

　これは言い換えると、大きな所得を得た企業や個人が、利益を税金として社会に還元したとしても、特に評価は得られない、つまり代替としてのB価値は何も得られないということです。ブラックフット・インディアンの社会と違って、現代社会では多くを施した人が尊敬される社会には、残念ながらなっていません。これでは富裕者から「取られ損」という考えが生じても仕方がない気がします。したがって、大きな価値観の転換なしに、これらの施策を円滑に運営するのは困難です。

●それでもマズローは理想を目指す

このように理想を現実に適用すると大きな摩擦が生じます。理想は現実という強大な抵抗勢力の前にたじろぎます。しかしだからと言って理想を捨てるのが得策かというと、誰しもそうではない、と直感的に考えるはずです。それには理由があります。

退行か成長かという選択があった時、条件さえそろえば人は成長を選ぶ、というのがマズローの考えでした（第4章参照）。なぜなら人は成長を選んだ結果、生物学的により良い状態、すなわちより健康になるからです。

これが真だとすると、成長を選ばない場合、病気になる可能性が高くなります。実際、真実や正義といったB価値をかなぐり捨てて、虚偽や欺瞞、不正の世界で生きることは、決して健康的とは言えません。つまり「B価値はビタミンや愛情と同じように重要」であって、「生物学的に必要なもの」（『人間性の最高価値』）であるわけです。ですから理想はお荷物ではありません。私たちがより成長するために必要なものです。その上でマズローはこう言い放ちます。

われわれは、いまや生物学の歴史において、われわれ自身の進化に責任をもつ時点に到達したのである。われわれは、いまや自己を進化させるものになったのである。進化とは、選択すること、

すなわち、選んで決めることを意味し、このことは、価値づけを意味している。

アブラハム・マズロー『人間性の最高価値』

マズローが言う自己の進化は、従来の人間とは価値観の異なる人間、すなわち超越的な自己実現者へと向かいます。マズローは最晩年に出版した改定版『人間性の心理学』の序章の結語でこう述べています。

既に、超人間、すなわち人類それ自体を超越する心理学と哲学について考え始めることが可能である。それはもう始まる。

アブラハム・マズロー『人間性の心理学』

あたかも遺言のような一文です。そして、「超人間、すなわち人類それ自体を超越する心理学と哲学」というマズローの精神は、その後、トランスパーソナル心理学などに受け継がれました。ちなみにトランスパーソナル心理学では、マズローをその創始者の1人に数えています。

あとがき

書籍を読む場合、本文よりも先に「あとがき」を読むという読者がいるようです。私はそのような読み方をしませんが、本書では「はじめに」の中で、筆者が薦めるマズローの原典を「あとがき」で紹介すると記しました。そのため、本文を読まずにいきなりこのページを読んでいる人も多いかと思います。

ここでは、お薦め本にふれる前に、「あとがき」を先に読む人がおしなべて期待する本書の「まとめ」を掲載しておきましょう。アブラハム・マズローの業績には大きく次の5点があると思います。

①病的な人間ではなく健康的な人間を研究対象として、心理学に新しい分野を切り開いた。
②人間を成長する存在と位置づけて、成長する人間の過程を欲求の階層で表現した。
③人間成長のゴールを自己実現と位置づけて、その特徴を明らかにした。

④至高経験を科学の対象として、超越的な自己の可能性までをも提示した。
⑤理想社会ユーサイキアを想定して、その本質にシナジーを取り入れた。

ここでは個々の概要についていちいちふれることはしません。すでに本文を読まれた方は、この5点からマズローの思想に対する理解がより深まると思います。また、これから本文を読む「先にあとがき派」の方は、右記を念頭に置いておくと、マズローの思想をより円滑に理解できるのではないでしょうか。

次に本書を読んだあとで手に取りたいマズローの原典についてです。これ1冊となった場合、やはり取り上げるべきは『人間性の心理学』でしょうか。欲求の階層（欲求階層論）を原典であたるのはやはり重要ですし、自己実現に関する記述もふんだんにあります。

経営学に興味がある人ならば次の1冊は『完全なる経営』でもいいかもしれません。こちらではマネジメントに関するマズローの基本的な考えが明らかになっています。また、マズローの文章だけでなく、コラムやインタビュー、経営学者金井壽宏・神戸大学大学院教授の解説など、内容も盛りだくさんです。

さらにもう1冊、『人間性の最高価値』を挙げておきましょう。こちらはマズローが取りまとめようとして果たせなかった論文集で死後に世に出たものです。欲求階層論に関する基本をこれで学ぶことはできません。しかしそれ以外ならば、マズローが生涯で何を思索したのかを網羅的に理解できると思います。本書の引用で取り上げたのも、おそらく『人間性の最高価値』が最も多かったと思います。

本文でも記したように、現代の日本社会は成長よりも退行を目指しているような気がします。しかしマズローが言うように退行よりも成長のほうが、人間や社会にとってはより健康的なはずです。退行が顕著になる現代だからこそ、成長をポジティブに支持したマズローの思想について再度検討する価値があるのだと思います。本書が読者の方々にとって、マズローばかりか現代社会を再考する契機となれば、筆者としてこれほど幸いなことはありません。

最後に、本書の成立は、企画をご提案くださった市村敏明・アルテ社主に端を発します。執筆の機会を与えてくださったことに、この場を借りて心より感謝いたします。

２０１６年４月

神戸元町にて筆者識す

ラ行

ハ行

マ行

ヤ行

タ行

ナ行

索引

◆著者

中野　明（なかの　あきら）

1962年、滋賀県生まれ。立命館大学文学部哲学科卒業。ノンフィクション作家。同志社大学理工学部嘱託講師。著書に『マズローを読む』『マズロー100の言葉』『人間性心理学入門』『アドラーを読み解く』（以上、アルテ）、『超図解「21世紀の哲学」がわかる本』『図解 影響力の心理学』（以上、学研プラス）、『図解・最新 心理学大事典』『図解・最新 哲学大事典』（以上、秀和システム）ほか多数。

マズロー心理学入門〈新装版〉
――人間性心理学の源流を求めて

2016年5月25日　初　版第1刷発行
2024年1月25日　新装版第1刷発行

著　　者　中野　明
発 行 者　市村　敏明
発　　行　株式会社　アルテ
〒170-0013　東京都豊島区東池袋2-62-8
BIGオフィスプラザ池袋11F
TEL.03(6868)6812　FAX.03(6730)1379
http://www.arte-book.com
発　　売　株式会社　星雲社
（共同出版社・流通責任出版社）
〒112-0005　東京都文京区水道1-3-30
TEL.03(3868)3275　FAX.03(3868)6588
装　　丁　川嵜　俊明
印刷製本　シナノ書籍印刷株式会社

ISBN978-4-434-33096-4 C0011